쓱쓱 논술머리

초판 1쇄 인쇄 2021년 11월 10일
초판 1쇄 발행 2021년 11월 20일

지은이 · 김정인 글, 최영란 그림
펴낸이 · 한봉숙
펴낸곳 · 푸른사상사

주간 · 맹문재 | 편집 · 지순이 | 교정 · 김수란, 노현정 | 마케팅 · 한정규
등록 · 제2-2876호
주소 · 경기도 파주시 회동길 337-16 (서패동 470-6) 푸른사상사
대표전화 · 031) 955-9111~2 | 팩시밀리 · 031) 955-9114
이메일 · prun21c@hanmail.net
홈페이지 · www.prun21c.com

ⓒ 김정인 · 최영란, 2021

ISBN 979-11-308-1842-9 73800

값 19,000원

☞ 저자와의 합의에 의해 인지는 생략합니다.
　이 책의 전부 또는 일부 내용을 재사용하려면 사전에 저작권자와
　푸른사상사의 서면에 의한 동의를 받아야 합니다.

한 권으로 끝나는 초등 통합논술 완성

쑥쑥 논술머리

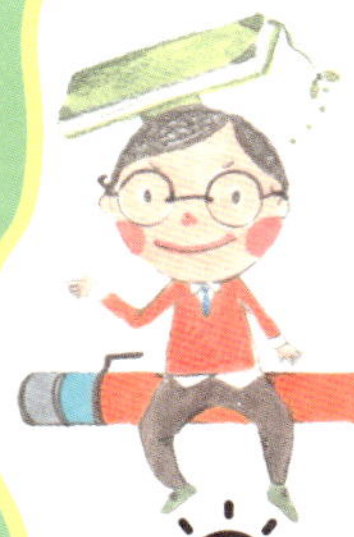

김정인 글 | 최영란 그림

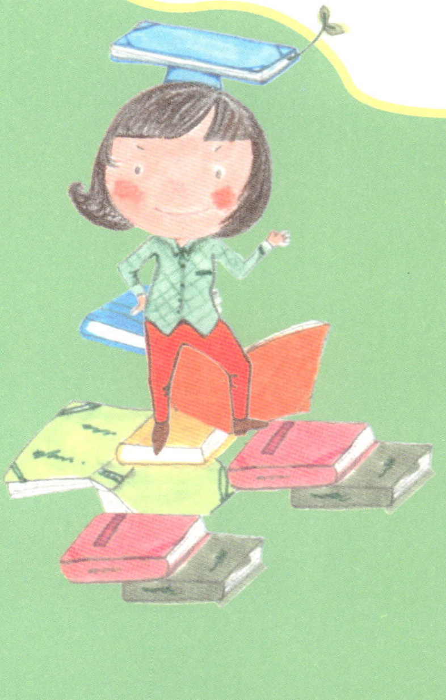

수능까지
연결되는
탄탄한
기초 논술력

논술머리, 어떻게 키우나요?

초기 논술 광풍이 몰아칠 때입니다. 그때 저는 사교육의 1번지라는 대치동에서 초등 교사로 근무하고 있었습니다. 놀라운 건 아이들이 엄청난 수업료와 시간을 들여 사교육을 받고 있었다는 점입니다. 안타깝게 지켜보던 저는 '내 반 아이는 내가 책임진다.'라는 각오로 글쓰기 생활화를 적극적이고 구체적으로 시도하였습니다

좀 더 확실한 논술 지도 방법을 얻기 위해 새 교육 과정을 현장 학습에 수없이 적용했습니다. 의도적으로 순간 포착을 시도하고 체험한 느낌은 발표로 끌어내었지요. 말한 대로 적어 보는 것은 글쓰기를 두려워하는 아이들에게 아주 흥미로운 글쓰기 입문입니다. 문장을 시작하기 어렵다는 아이들도 스스로 생각과 말을 글로 표현하기 시작했습니다. 그 결과물이『나 혼자서도 논술왕이 될 수 있어요』이며, 독자들의 반응도 뜨거웠습니다.

이후 4, 5, 6학년 아동들로 구성된 '논술 영재 연구반' 특별 학습을 통해 쉽고 재미있게 공부할 수 있는 통합논술 다지기 방법을 찾아보았습니다. 그 과정에서 초등학교 어린이가 익혀 두면 중학교, 고등학교, 대학 입시에 이르기까지 탄탄한 기초가 될 자료를 뽑아 낼 수 있었습니다. 결과물은『엄마는 논술 선생님』에 담았습니다.

『쑥쑥 논술머리』는 논술의 기본 개념과 통합논술을 체험 수업에 바탕을 두고 서술하였습니다. 특히, 논증하는 글쓰기를 통해 수능까지 연결되는 독해력을 강조했습니다. 논술이 어렵다는 어린이에게는 돌파구가 되는 안내서가 되고, 확실히 논술을 잡고 싶다는 어린이에게는 논술머리를 단단하게 키우는 징검다리가 될 것입니다.

이 책은 먼저 두 책에서 논술에 흥미를 끌어내는 발상 부분과 활용도가 높은 팁(Tip)은 일부 재수록하였습니다. 거기에 최근의 시사, 이슈, 논리적 서술 등을 새로운 독해법으로 접근하여 논술에 쉽게 적용한 것입니다. 다시 말하자면 꼭 익혀 두어야 할 논술의 기본 틀을 재정비하여 새로운 관점에서 즐겁게 논술과 노는 안내서입니다.

아이들을 지도하면서 느낀 점은 어려서 글쓰기 방법을 모르면 어른이 되어서도 내가 무엇이 잘못되었는지를 모른다는 것입니다. 왜 개요 짜기가 필요한 것인지, 개요는 어떻게 짜는지, 어떤 방법으로 신문을 활용하는지, 통합논술을 위해 무엇을 준비해야 하는지.

여기서 나는 불변의 법칙을 다시 떠올립니다. 결국, 많이 읽고, 많이 생각하고, 많이 써 보기입니다. 그러면 어떻게 구체적으로 실행해야 할까요?

초등 1학년 일기 쓰기로 시작하여 대학 입시의 초석이 되는 통합논술이 여기에 담겨 있습니다. 모쪼록, 『쑥쑥 논술머리』를 통하여 글쓰기에 대한 자신감과 논술머리의 뿌리를 깊이 내리시길 바랍니다.

2021년 11월
김정인

차례

책머리에 4

제1부 생각을 키워요

제1장 어떤 책을 읽어야 하나요?

   1. 재미있는 책은 뭘까?   13
   2. 이런 책이 좋다   15
   3. 생각하는 힘은 '왜?'와 '어떻게?'를 먹고 자란다   17

제2장 나는 독서 발표왕

   1. 생각을 말해, 틀려도 괜찮아   20
   2. 그 책, 제목이 뭐야?   22
   3. 발표 자료는 호기심 천국!   24

제3장 독서 감상문 어떻게 쓸까?

   1. 쉽게 입문하는 독서 감상문   27
   2. 독서 기록장에 표현하는 여러 활동   28
   3. 글의 종류에 따라 독서 감상문 쓰는 요령   31
   4. 재미있는 독서 기록 활동   34

제4장 일기장아, 친구가 되어 줘

1. 일기장은 내 마음속 친구 … 40
2. 수업 활동으로 일기 쓰기 … 41
3. 다양한 형식으로 일기 쓰기 … 50
4. 쉽게 시작하는 일기 첫머리 … 54
5. 쑥쑥 생각을 키우는 일기 … 55
6. 일기 쓰기, 10일간 프로젝트 … 63

제5장 동시야, 놀~자!

1. 동시 짓기, 시작은 이렇게 … 66
2. 동시, 이것만은 꼭 알아 두자 … 70
3. 시 낭송으로 표현법 익히기 … 71
4. 좋아하는 동시 패러디해 보기 … 74
5. 우리들의 동시 … 76

제6장 신문아, 우리 친해지자

1. 하루 한 가지씩 해 보아요! NIE 활동 30일 계획표 … 79
2. 반갑다, 신문아! … 84

제2부 쑥쑥, 논술머리

제1장 논술머리는 어떻게 키우나요?

1. 쉽게 접근하여 친구로 만들기 … 93
2. 어떻게 주장해야 되나요? … 95
3. 마인드맵으로 마음속 지도 그리기 … 96
4. 개요 작성의 효과 … 101
5. 서론에서 결론까지, 논술문 쓰기의 방법과 유의점 … 106

제2장 글쓰기 훈련과 12가지 조언

1. 나만의 방법으로 글쓰기 … 110
2. 좋은 문장을 쓰기 위한 10가지 유의 사항 … 114
3. 글쓰고 나서 첨삭하기 … 117
4. 창의력을 키우는 여러 가지 방법 … 119
5. 정확한 문장 표현과 단어 사용 … 122
6. 미리 익혀야 할 원고지 사용법 … 125

제3장 인용할 글은 어디에서 찾나요?

1. 매체를 통해 자료 활용하는 법 … 130
2. 인용을 활용한 글쓰기 … 132
3. 독자를 사로잡는 첫 문장 … 139
4. 설득하는 글에서 피해야 할 것은? … 146
5. 제시문 논술 활동 … 148

제4장 신문을 활용한 논술력 키우기

1. 사설과 칼럼, 어떻게 활용하나요?   157
2. 신문을 활용한 토론 및 논술   160
3. 기사와 에세이를 읽고 느낌 표현하기   162
4. 육하원칙으로 독해력 키우기   167

제5장 토론을 잘하는 방법

1. 토론의 규칙과 용어 알기   174
2. 어떤 논제로 토론하면 좋을까요?   176
3. 논제 배경 작성과 찬반 토론   179
4. 독서 활동 후 논제별 토론   186
5. NIE 활동 후 이슈 토론   189

제6장 독서를 바탕으로 논증하는 글쓰기

1. 왜 독서 논술이 필요한가요?   199
2. 효과적 독서 활동을 위해 알아 둘 점   200
3. 독후감 쓰기, 밑그림을 그리는 방법   202
4. '논술의 힘'을 다지는 개요 작성   204
5. 수능까지 연결되는 독해력 키우기   205

제7장 새 교육 과정의 변화와 통합논술

1. 변화하는 교과서 따라가기   214
2. 시조란 어떤 글인가요?   216
3. 톡, 톡, 살아 있는 글쓰기   224

제1부
생각을 키워요

제1장 어떤 책을 읽어야 하나요?

제2장 나는 독서 발표왕

제3장 독서 감상문 어떻게 쓸까?

제4장 일기장아, 친구가 되어 줘

제5장 동시야, 놀~자!

제6장 신문아, 우리 친해지자

제1장
어떤 책을 읽어야 하나요?

1 재미있는 책은 뭘까?

여러분, 안녕!

"책을 많이 읽으면 생각의 힘이 생긴다!"라고 해요. 여러분도 이미 알고 있는 말이라고요? 그런데 재미가 없는데 도대체 어떻게 읽으라는 건지 묻고 싶다고요?

오호, 그렇게 질문해 주니 절반은 성공한 모습이 보이네요. 왜냐고요? 재미있는 책을 찾고 싶다는 것이니까요. 그 방법을 알면 되니까요. 그렇습니다. 책은 재미가 있어야 글의 내용이 읽히고 나와 가까워지는 것입니다.

먼저, 우리 집에 있는 책을 살펴볼까요. 책꽂이에 많은 책이 보이네요. 엄마가 사주신 동화책, 과학책, 역사 이야기 등등. 저런! 사촌 형에게 물려받은 책도 한가득이네요. 저걸 내 머릿속에 냉큼, 다 들어앉히면 얼마나 좋을까요. 그런데 읽은 게 별로 없다고요? 네, 네, 이해합니다. 읽고 싶은 마음이 없으니 당연한 거죠.

자, 선생님이 안내하는 대로 시작해 볼까요.

재미있는 책 고르는 방법

- 집 안의 책 중 내용이 궁금해 보이는 책을 꺼낸다.
  『강아지 똥』 → (이유) 그림이 있어 쉽게 읽혀서.
  『간디의 소금 행진』 → (궁금) 왜 소금 행진이라고 하지?
  『공룡이 궁금해』 → (이유) 공룡을 좋아하니까 더 알고 싶어서.
- 엄마랑 함께 서점에 가서 내가 읽고 싶은 책을 고른다.
  동생은 펭수가 그려진 '만화'를 골랐고, (짝짝, 잘했어요!)
  나는 『내가 미안해』를 골랐다. → 왜 미안하다고 할까? 궁금. (좋아요!)

처음 책을 고를 때는 단순한 호기심에서 출발하는 것이 좋아요. 너무 어렵게 고르지 마세요. 일단 고른 책은 꼼꼼히 읽는 것도 좋지만 힘들게 다 읽으려고 하지 않아도 된답니다. 그냥 편한 친구, 책 친구가 그림도 보여 주고, 말을 걸고 있다고 생각하며 살펴보아요. 그러면 어느 틈에 책 친구가 내게 바짝 붙어 있을 거예요.

책을 읽으면 다양한 경험을 체험하고, 느낌으로 얻어지지요. 우리가 가 볼 수 없는 곳, 체험할 수 없는 것은 너무도 많아요. 어떻게 옛날로 돌아가 삼국 시대를 경험하겠어요? 어떻게 지구 끝까지 구석구석 가 보겠어요? 그런데 책을 보면 땅속도 들여다볼 수 있고, 세종 대왕도 만날 수 있지요. 아 참! 장수풍뎅이가 알을 낳는 모습도 볼 수 있고요. 지구의 역사에서 엄청난 빅뱅이 일어난 것도 알 수 있어요.

자, 재미있는 책도 찾아 읽어 보았는데 그다음엔 어떤 책이 좋은지 잘 모르겠다고 손 번쩍 든 친구가 있네요! 내가 좋아할 수 있는 책을 찾아볼까요.

2 이런 책이 좋다

집이나 학교, 도서관과 교실, 어디든 읽을거리는 많아요. 그렇지만 내가 재미가 없으면 그 많은 책이 무슨 소용이 있겠어요. 관심이 없는데, 보고 싶지 않은데. 엄마는 자꾸 책을 보라고 해서 고민이 되는 친구가 많답니다.

선생님이 책을 좋아하는 친구에게 물어보았어요.

"넌 어떻게 해서 앉기만 하면 책을 손에 드니?"

"재미가 있어요!"

"왜, 그렇지?"

"새로운 사실도 재미있지만, 어떻게 되는지 궁금해서 자꾸자꾸 보고 싶어요."

오! 이 친구는 이미 책과 친구가 되어 노는 방법을 알았군요. 그러니까 여러분도 먼저 친구가 되어 줄 책을 골라 보아요. 딱딱한 '책 친구'는 처음부터 사귀지 마세요. 마음에 내키지 않는 책은 처음에는 말을 걸지 마세요. 서점에 들러 보아도 좋고, 어디에서 구하든, 내 마음에 드는 친구가 있나 그것부터 살펴보아요. 꼭 마음에 드는 책, 내 친구.

혹시 여러분은 베스트셀러가 다 좋은 책이라고 생각하는 건 아니겠지요? 베스트셀러는 많이 팔리는 책이긴 해요. 이 말은 약 100년 이전에 처음 사용하게 되었는데, 일정한 기간 동안 많이 팔린 책을 말해요.

하지만 베스트셀러가 가장 많이 팔리고 있는 책이기 때문에, 반드시 좋은 책이라고 할 수는 없어요. 흥미를 자극하는 요소가 많고, 흥미를 자극하는 책이 꼭 양서라고 할 수는 없기 때문이지요. 그러므로 나의 독서 능력에 맞게, 흥미에 맞추어 책을 골라 보아요. 남들이 지금 많이 읽고 있다고 서둘러 따라갈 필요가 없다는 뜻이지요.

그림이 많아 읽기가 쉬워 좋다고요? 공룡 이야기가 재미있다고요? 좋아요, 모두 내 친구가 되어 줄 거예요. 풀꽃 이야기는 읽는 사람을 들로 산으로 데리고 가겠지요. 공룡 이야기는 아주 먼 옛날, 호랑이 담배 피우던 시절로 데리고 갈 거예요. 그 당시 사람들은 어떤 모습이었을까요? 발가벗고 살았을까요?

독서는 마법의 양탄자입니다. 우리가 가고 싶은 곳, 어디든 데려다 주지요. 수많

은 별들이 떠 있는 우주 속으로, 이집트의 피라미드, 낙타가 지나가는 사막, 바닷속 수만 리, 만리장성, 파리의 에펠 탑, 우와! 정말 세상은 넓어요!

책에 대한 정보를 어디서 얻을까요?

- 학교에서 권장해 주는 책에 관심을 가진다.(추천 도서)
  → 학년에 맞는 추천 도서는 빠뜨리지 않는다.
- 친구에게 정보를 얻는다.(최근 읽은 책 중 무엇이 재미있었나?)
  → 미리 책 정보를 듣고 읽으면 쉽게 다가갈 수 있다.
- 관심이 있는 분야에 대해 좀 더 알아본다.(선생님이나 부모님의 조언, 인터넷 검색.)

이렇게 내 마음에 드는 책을 읽게 되면 스토리를 알게 되지요. 스토리를 알게 되면 조금씩 논술이 보이는 거예요. 스토리 알기가 논술의 시작 단계거든요. 이제는 읽는 방법을 알아볼까요.

3 생각하는 힘은 '왜?'와 '어떻게?'를 먹고 자란다

　책을 읽고 지식과 정보를 얻었으면 내 생각이 들어있는 책 읽기를 해야 해요. '왜, 그럴까?' '주인공은 어떻게 될까?' 상상하며 생각의 폭을 넓히는 거지요. 그렇게 되면 창의력도 쑥쑥, 자라게 된답니다.

　예를 들어 「개미와 베짱이」를 읽게 되면 '부지런해야 잘 살 수 있고, 게으르면 가난하게 된다.'는 사고력을 얻게 되거든요. 여기서 생각을 더 펼쳐 보아요. 어떤 친구는 이렇게 말했어요.

　"선생님, 베짱이를 겨울에 굶어 죽게까지 할 수는 없잖아요?"

　"자기가 먹을 양식을 구하지 않고, 여름내 놀기만 했는데?"

　"베짱이는 노래를 부르게 하면 어떨까요? 노래로 즐거움을 주니까 그 대가로 먹을 수 있는 것을 얻으면 되지 않을까요?"

　참으로 좋은 발상이지요! 자기의 생각을 이렇게 표현할 수 있으면, 책을 읽고 난 후 토론을 할 수 있는 능력을 갖추는 거랍니다.

　예를 더 들어볼게요. 우리나라 사람들이 가장 많이 애송하는 시가 뭘까? 그것은 바로 "죽는 날까지 하늘을 우러러/한 점 부끄럼이 없기를……"로 시작하는 윤동주 시인의 「서시」일 거예요. 윤동주 시인은 우리 민족에게 가장 사랑받는 시인이지요.

　'한국시인협회'에서 시인들이 가장 좋아하는 애송시를 뽑았었는데, 「서시」가 많은 시인들의 사랑을 받고 있다고 조사된 적이 있어요. 이렇게 좋은 시를 읽으면 그 감동으로 끝나지 말고 더 생각할 일이 있지요.

　윤동주 동시집 『별을 사랑하는 아이들아』를 읽은 아이들의 독후 활동입니다.

　"나라를 빼앗겼을 때 우리 민족혼이 담긴 시를 썼다니 훌륭해."

　"한문은 거의 쓰지 않고, 한글로 시를 쓴 것은 아주 잘했어."

　"맞아! 양반들은 한문을 주로 사용하고 한글을 언문이라고 천대했잖아!"

　"왜 그때 사람들은 나라를 빼앗긴 후에야 한글의 중요성을 알았을까?"

　"나 같으면 무기를 만들어 싸웠을 텐데."

　"꼭 총을 들고 싸우는 것만이 일제에 저항하는 것은 아니지."

"그럼, 우리말로 우리 시를 쓰는 일도 저항의 한 방법이지."

생각의 폭을 넓혀 그 당시에 있었던 일을 찾아보고 있군요.

어때요, 이 정도만 해도 '생각하는 힘'이 한 뼘, 두 뼘 자라고 있는 게 보이지요?

그런데 먼저 유의할 일이 있어요. 글에 담긴 뜻을 잘 이해해야 하거든요.

우선, 여러분들이 읽은 글에서 낯선 낱말이 나오면 무슨 뜻인지 꼭 알아 두어야 해요. 사전을 찾거나 인터넷 검색창에서, 혹은 엄마나 선생님께 질문해서 꼭 알아 두세요. 의미를 모르고 대충 읽지 말라는 얘기지요.

그 다음, 나의 생각을 정리해 발표도 하고, 서로 의견도 나누어 보아요.

책을 읽을 때는
- 왜(Why)와 어떻게(How)를 생각하며 읽는다. → 왜 그럴까? 어떻게 되었나?
- 인상 깊은 장면을 생각한다. → 그 장면에서 나의 느낌은?

제2장
나는 독서 발표왕

1 생각을 말해, 틀려도 괜찮아

여러 사람 앞에서 말하기가 어렵다고? 다리가 후들거리고, 가슴이 쿵쾅거리고? 이해가 돼요. 선생님도 어렸을 땐 그랬거든요.

그렇다고 말을 꺼내지 않고 있으면, 서로 생각을 나눌 수가 없지요. 자, 용기를 내어 말해 봐요. "틀려도 괜찮아, 목소리를 높여 봐. 가슴을 내밀고, 큰 소리로!"

많은 얘기를 하려고 하지 마세요. 한 마디씩 시작해도 되는 거랍니다.

"저는 이 책을 읽고 물이 소중하다는 걸 알았습니다."

이 말이 얼마나 훌륭해요! 물이 소중하다는 걸 알았으면, 아껴야 한다는 말은 저절로 끌려 나오게 되어 있거든요. 왜 소중하고, 아껴야 하는지 말할 수 있어요.

부끄러워서 눈을 어디로 바라볼지 몰라 쩔쩔 매는 친구가 있네요. 친구들을 쳐다보아요. 눈을 보고 내 생각을 말해요. "틀려도 괜찮아, 그러나 씩씩하게, 큰 소리로!"

짧은 말이라고 전달을 못 하는 게 아니랍니다. 오히려 같은 얘기를 길게 늘어놓는 것보다 나을 수도 있지요. 그다음에 한 마디씩만 더 이어 보아요. 또박또박, 큰 소리로!

"사구아로 선인장은 200년이나 살 수 있대요./벌레들이 찾아와 집을 짓고 살아서 '선인장 호텔'이라고 불렀어요."

이것 봐요! 한 마디 더 늘리니까 정말 근사한 발표가 되었네요. 여기에 또 한 마디 더 보탠다면? 말을 이어 보고 생각을 보태게 되면 좋은 발표 학습을 할 수 있는 거랍니다. 토론을 할 수 있는 힘이 생기지요. 또 공부가 재미있어지고 어디서든 자기 생각을 당당히 표현할 수 있게 된답니다.

꼭 부탁할 게 있어요. 책을 읽고 말할 경우에는 줄거리를 모두 말하려고 하지 마세요. 아마 친구들이 지루해할걸요. 발표하는 사람도 말을 꿰느라 힘이 들걸요. 그러니까 가장 인상 깊은 장면만 얘기해 보세요.

처음부터 모두 얘기하려면 힘이 들어요. 새로운 사실과 느낌을, 놀라운 일을, 재미있는 일을, 가슴 뭉클한 이야기 등을 내 생각과 함께 이야기해 보세요.

이제는 자신이 생겼을 줄 믿어요. 책을 친구로 삼고, 알게 된 사실을 함께 이야기하는 것, 우리 친구들 모두 다 잘 할 수 있답니다.

읽은 책을 말할 때는

- 많은 얘기를 하려고 하지 않는다.
- 한 문장으로 말한다. → "강아지 똥은 자기도 쓸모가 있다는 걸 알았어요."
  (강아지 똥의 생각, 인상 깊은 장면, 민들레가 한 말 등)
- 자신이 생기면 다음 문장을 말한다. → 조금씩 요점을 늘려 나간다.
- 줄거리를 모두 말하려고 하지 않는다. → 듣는 사람이 지루하다.
- 또박 또박 큰 소리로 → "틀려도 괜찮아." 생각을 말한다.

2 그 책, 제목이 뭐야?

다음 얘기는 초등학교 1학년 교실에서 수업하는 독서 발표 현장입니다.

"저는 오늘 『열두 띠 이야기』란 책을 읽어서 그것을 발표하겠습니다. 여러분은 무슨 띠이지요?"

순간, 아이들이 "토끼띠! 토끼띠!" 하고 대답을 했어요.

"그럼 토끼띠, 손 들어 보세요."

"토끼띠가 아닌 사람 손 들어 보세요."

친구의 지시에 따라 아이들의 손이 올라가고 이야기에 깊숙이 빠져드네요.

"사람들은 누구나 자기 나이에 맞는 띠를 가지고 있답니다. 띠는 동물의 이름으로 정해져 있는데 '자축인묘진사오미신유술해'의 순서로 해마다 바뀌지요. 자는 쥐띠고, 축은 소띠며, 인은……,"

"애들 좀 봐! 제법이네!"

선생님도 감탄하며 지켜보았는데, 정말 흥미 만점이죠. 친구의 재미있는 설명이 끝나자 발표를 안 하겠다는 친구가 별안간,

"더, 할 말이 있어요."

"그래? 어디 해 보렴."

"하느님께서 빨리 달려오는 순서대로 띠 순서를 정한다고 했대요. 여러 동물 중, 소가 날쌔게 앞서 달려가는데, 쥐가 깡충깡충 따라갔어요."

"깡충깡충이 아니야, 쥐는 쪼르르야!"

"맞다! 쪼르르 앞질러 가서 소의 머리 위로 올라탄 거야. 결승 지점에서 쥐가 앞으로 톡, 뛰어내려 1등을 했대. 그래서 쥐띠가 제일 처음 시작되었고, 소와 쥐는 그 후로 앙숙이래."

이렇게 서로 어울리며 재미있게 이야기를 주고받는데, 뒤에 앉아 있는 친구의 눈이 휘둥그레졌지요. 가슴이 책상 위로 얹힐 듯 앞으로 나오더군요.

"너희들 읽은 그 책, 제목이 뭐야?!"

까만 눈이 초롱초롱 빛났어요. 왜 친구들이 읽은 그 재미있는 책을 나는 읽지 않았을까? 하는 표정이 얼굴 가득이었지요. 아이들 모두가 집중해 있었고, 친구들의 이야기에 귀를 기울이는 이 풍경이라면 독서 발표의 첫 시작은 성공입니다.

"오늘 독서 발표 아주 훌륭했어. 내일도 발표해 보자."

그때 선생님은 가슴이 설레기 시작했어요. 빛을 보았거든요. 아이들의 예지에 빛나는 눈빛, 알고 싶어 하는 의욕!

읽은 책을 누구에게 말하나

- 친구에게, 선생님께 읽은 책을 말한다.

  이번 주 인상 깊은 책은? → 『프린들 주세요』

  (작가는, 주인공은, 어떤 일이 있었나 등)

- 부모님이나 대화할 가족에게 말한다. → "주인공이 기발한 생각"

  (주인공은 '펜'을 '프린들'이라고 불렀어)

3 발표 자료는 호기심 천국!

이 얘기도 선생님과 함께한 발표 수업 현장입니다.

발표 수업에 유난히 적극적인 친구가 눈에 들어오네요. 알고 보니 평소에 책을 많이 읽은 친구들입니다. 또한 호기심과 모험심이 많은 아이들이 더 적극적이고 읽은 책의 내용도 다양하지요. 실험성이 있는 발표도 준비해 와서,

"이 노란 수건은 염색에 관한 책을 읽고 제가 직접 염색을 해 본 것입니다."

"물에 대한 책을 읽었는데, 물이 정수장을 통과해 우리 집까지 오는 과정을 그림으로 보여 드리겠습니다."

"돌에 대해 읽었는데, 제가 가지고 온 이 돌을 현무암이라고 합니다. 돌하르방은 현무암으로 만들어졌고 제주도에 많습니다."

짧게 하는 말이지만 친구들의 발표는 끝이 없이 이어지네요. 가끔 두서가 없는 말이 있어도 뜻이 전달되면 우리 반 친구들은 모두 박수를 쳐 준답니다.

"잘했어! 용기 있게 말했어!"

서로 격려하면서 읽은 책에 관심을 보이지요.

아이들은 발표 자료가 등장하면 더 큰 호기심을 가지고 집중해요. 준비한 아이는 신이 나고 의기양양했지요. 지난밤에 엄마와 씨름을 하며 만들었지만 친구들이 관심을 보이니까 야호! 효과 만점! 이렇게 소리치는 것 같았어요.

그러나 자료를 준비를 하지 못한 친구도 있지요. 표현력도 없이 발표를 하자니 힘이 드는 모양입니다. 그래서 선생님은 이렇게 도움말을 주었지요.

"열심히 듣는 것도 공부란다."

"무리하게 만들려고 애쓰지 마. 힘들어 지칠 수 있어."

"즐겁게 참여할 수 있다면 얼마나 재미있는 일이니? 이보다 더 좋은 체험 학습이 어디 있어?"

"주변을 돌아보면 자료는 얼마든지 있단다. 마음먹기에 달렸지."

자료는 흥미를 유발하며, 발표를 적극적으로 할 수 있도록 돕는 역할을 하지만, 매번 신경 쓸 수 없는 일이라 무리할 필요는 없다고 말하고 싶어요. 적극 참여하고 생각을 나누는 것이 더 중요하거든요.

그러나 아이들은 자료는 '호기심 천국'이라는 걸 눈치채고 무언가 자꾸만 만들어 왔지요. 하루 2권의 책을 읽는다는 산아는 가족 산행을 가는 날 아침에도 교실에 들어서자마자 어젯밤 준비한 발표 자료(종이)를 둘둘 말아서 쥐고,
　"오늘은 발표 안 해요?"
까만 눈을 깜박이며 내 대답을 기다리네요.
　"우리 산아, 어제 읽은 책 얘기하고 싶은 것이 많구나. 그렇지만 오늘은 야외 학습으로 시간이 없네!"
　들어 주지 못하는 선생님이 얼마나 미안했던지.
　이렇게 혼자서도 책 읽는 아이는 독서 발표 시간을 너무도 좋아한답니다. 이미 책 읽기에 깊이 빠져 있고, 그 느낌을 나누고 싶어 하며, 무언가 생각을 드러낼 준비를 스스로 하고 있는 거지요.
　"과학책만 흥미가 있었는데, 친구가 발표하는 '삼국 역사' 이야기를 듣고 우리나라 역사책이 보고 싶어졌어요."
　아이들은 많은 정보를 교환했지요. 좋은 자료를 서로 칭찬하면서.

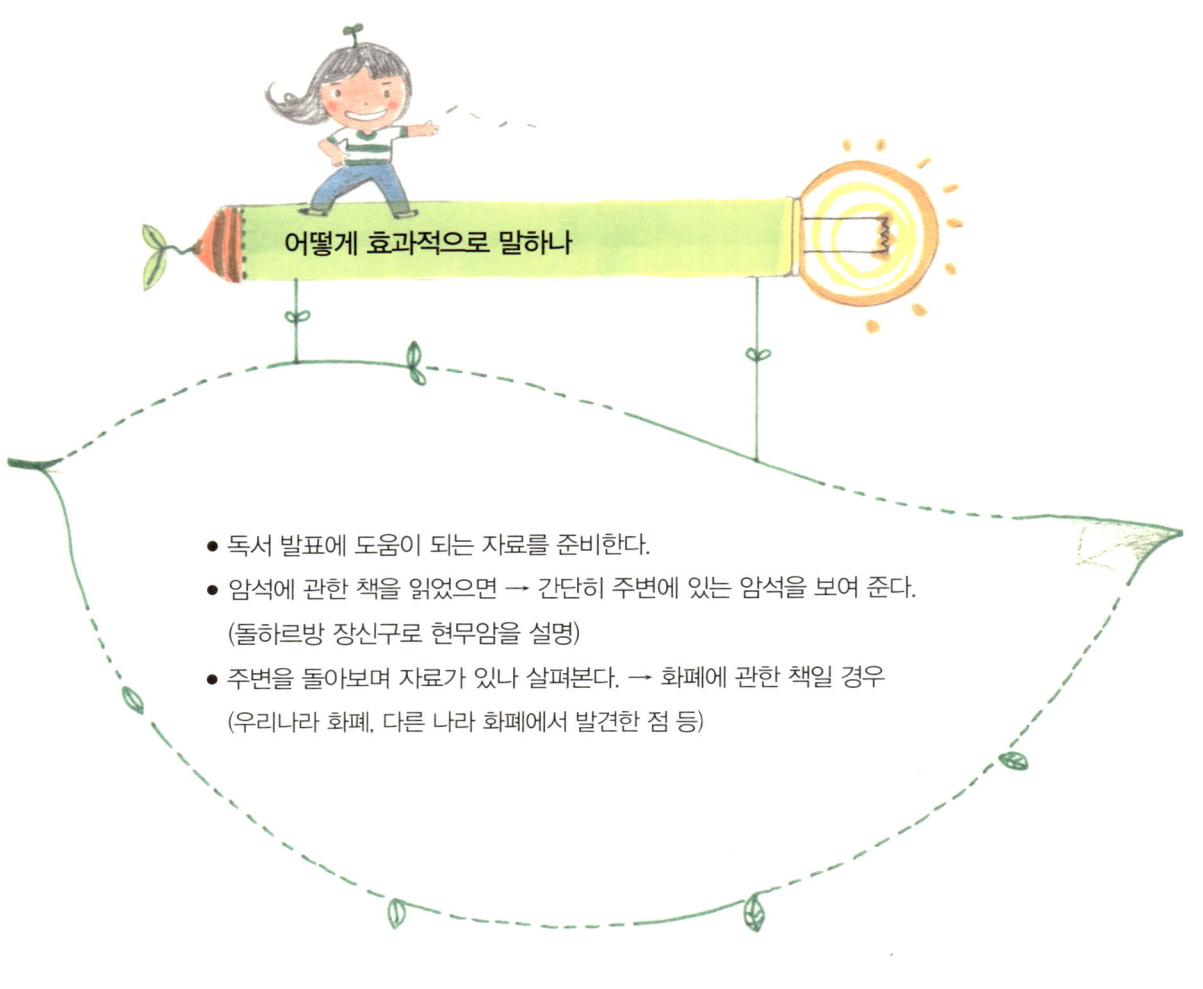

어떻게 효과적으로 말하나

- 독서 발표에 도움이 되는 자료를 준비한다.
- 암석에 관한 책을 읽었으면 → 간단히 주변에 있는 암석을 보여 준다.
  (돌하르방 장신구로 현무암을 설명)
- 주변을 돌아보며 자료가 있나 살펴본다. → 화폐에 관한 책일 경우
  (우리나라 화폐, 다른 나라 화폐에서 발견한 점 등)

제3장
독서 감상문 어떻게 쓸까?

1 쉽게 입문하는 독서 감상문

  책의 내용을 잊지 않고, 받은 감동을 오래 간직하려고 독서 감상문을 씁니다. 이런 독서 생활은 비판력과 통찰력을 키워 주지요. 그런데 독서 감상문 쓰기가 쉽지 않다고요? 그럼요. 쉬운 건 없지요. 그러나 독서 기록을 한 해에 200권 이상 쓴 어린이들의 이야기를 들어 보세요.
  "에이, 뭐가 어려워요. 누구나 조금만 신경 쓰면 할 수 있어요."라고 할걸요.
  어떤 어린이는 이렇게 말했어요.
  "선생님, 숙제도 해야 하고, 일기도 써야 하고, 독서 감상문까지 쓰기는 너무 힘들어요."
  "그래, 부담이 될 거야. 읽는 것만으로도 훌륭한 독서 생활이 되지."
  "그런데, 왜 독서록을 써야 하죠?"
  "책을 읽은 후, 생각주머니를 따로 만들어 두면 필요할 때 꺼내 볼 수 있으니까."
  "잊어버릴까 봐요?"
  "잊기도 하지만 중요한 것을 메모할 수도 있고, 감동을 저장할 수도 있단다."
  "즐겁게 하는 방법이 있나요?"
  "그럼. 독서 기록장을 지혜주머니라고 생각하고 한 권씩 담아 보렴."

이 어린이처럼 관심을 가지면, 이미 반은 시작한 거랍니다. 지금부터 독서 기록을 일 년에 200권씩 썼다는 친구들이 어떻게 했는지 살펴볼까요. 무언가 남다른 비결이 있겠지요. 어떻게 해야 재미있게 감상문을 쓸 수 있는지 함께 살펴보아요. 독서 감상 표현은 창의적인 독서 생활을 위해 꼭 필요하거든요.

독서 감상문을 쓰면
- 받은 감동을 저장해요. → 필요할 때 꺼내 볼 수 있어요.
- 비판력과 통찰력을 키워요.
- 책을 읽은 후, 생각주머니를 따로 만들어 두어요.
- 중요한 것을 메모하면 → 책의 내용을 기억해요.

2 독서 기록장에 표현하는 여러 활동

- ▶ 그림으로 표현해 보세요. **인상 깊은 장면**
- ▶ 느낌을 글로 표현해 보세요.
- ▶ 주인공이 되어 보세요. **주인공이 된 내 모습 그리기**
- ▶ 등장인물에게 물어보고 싶어요. **인터뷰하기**
- ▶ 마인드맵으로 표현해 보세요. **생각을 프로젝트함**
- ▶ 편지글로 쓰세요. **등장하는 인물에게**
- ▶ 시의 형식으로 나타내 보세요.
- ▶ 일기 형식으로 써 보아요.
- ▶ 뒷이야기 이어서 써 보세요.
- ▶ 손가락 인형을 만들어 함께 대화해 보세요.
- ▶ 색종이로 접어 표현해 보세요.
- ▶ 만화로도 그려요.
- ▶ 책 속으로 여행을 떠나 보세요.

- ▶ 어떤 얼굴인지 보고 싶어요. 등장인물 상상하여 그리기
- ▶ 엄마, 아빠, 이 책 재미있어요. 주인공 소개하기
- ▶ 칭찬하고 싶어요. 주인공에게 상장 주기
- ▶ 지은이에게 하고 싶은 말 쓰기.
- ▶ 재미있는 부분을 찾아보세요. 재미있는 대화 글, 또는 표정
- ▶ 작은 책으로 만들어 보세요. (A4 용지 1장으로 8쪽짜리 책을 만들 수 있어요.) 중요한 장면 그리기, 줄거리 쓰기, 느낀 점 나의 다짐 등을 그림과 함께 기록하여 책을 만들고 서로 돌려 보기.

이 외에도 관련된 내용을 인터넷에서 찾아보거나, 더 알고 싶은 자료를 찾아 책의 내용과 연관시켜 보세요. 자신이 나타내고 싶은 장면을 다양하게 나타내도록 합니다.

 마인드맵으로 표현하고 내 생각을 다양하게 하여 글을 써 보아요.

이제부터 우리는 『**프린들 주세요**』라는 책을 함께 읽을 거예요. 주인공 닉과 그레인저 선생님이 '프린들이라는 새로운 말을 둘러싸고 벌이는 전쟁'을 중심으로 이야기가 펼쳐지는 작품입니다. 국어를 담당한 그레인저 선생님은 말을 사랑하고 소중히 여겨요. 아이들에게 언어와 책 읽기의 중요성을 늘 깨우쳐 주려고 노력하며, 늘 사전을 찾아보게 했어요. 그런데 닉이 '펜'이라는 단어를 무시하고 '프린들'이라는 엉뚱한 말을 쓰니, 노발대발할 수밖에 없겠지요? 와, 선생님의 화난 모습이 보이는 듯해요!

참고 자료 『프린들 주세요』의 작가 앤드루 클레먼츠는 1949년 미국에서 태어난 동화 작가입니다. 그는 독서 애호가셨던 부모님의 영향을 받아 어려서부터 책과 도서관을 아주 좋아했어요. 교사가 되어서도 학생들에게 책을 읽어 주고 함께 이야기 나누기를 즐겼다고 합니다.

앤드루 클레먼츠가 프린들 이야기를 처음 떠올린 것은 로드아일랜드의 한 학교에서 어떤 소년이 단어는 어떻게 생기는 거냐고 질문했을 때라고 해요. 그 순간 클레먼츠는 어떤 아이가 펜을 '프린들'이라고 부른다면 무슨 일이 일어날까 생각해 보고 그에 관한 이야기를 쓰기로 했다는 것이랍니다.(작가의 상상력을 생각해 보세요.)

책을 읽은 소감을 표현하기 전, 아래처럼 마인드맵을 그리고, 어느 부분에서 내가 가장 하고 싶은 말이 있는지 생각해 보아요.

마인드맵으로 표현

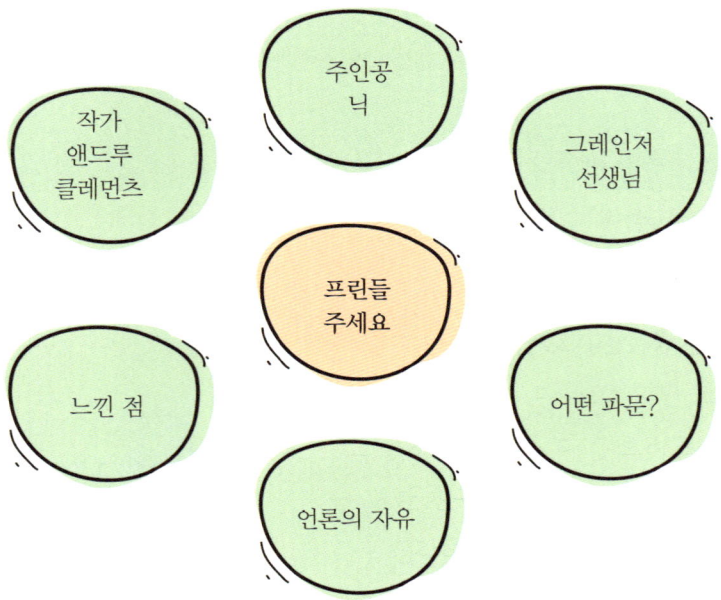

마인드맵 그리기 전

- 주인공을 중심으로 할 것인지, 사건 중심으로 할 것인지, 또는 다른 등장인물 중심으로 정리할 것인지 정한다.
- 마인드맵은 중심 주제 → 소주제 → 소주제에 사건과 생각 보태기.

독서 기록장 쓰기 전
- 어떤 형식으로 쓸 것인지 정한다. → (예) 등장인물에게 편지쓰기
- 여러 등장인물의 성격과 배경을 살펴본다.
- 나의 생각과 느낌을 메모한다.
- 느낌을 효과적으로 드러내는 데 어울리는 사자성어나 속담 등을 찾는다.

3 글의 종류에 따라 독서 감상문 쓰는 요령

■ 역사

시대적인 배경, 일어난 일의 원인과 결과를 살펴보세요. 그리고 친구나 가족, 선생님과 그에 대해 대화를 나누어 보세요. 책을 꼼꼼히 읽고 다양한 활동을 해 봅시다.

- ▶ 상소문으로 쓰기
- ▶ 신석기 시대 인물을 인터뷰한 감상문 쓰기
- ▶ 나리를 위해 힘쓴 사람의 비문을 써 보고, 감상문 쓰기
- ▶ 발해를 소개하는 글쓰기
- ▶ 삼국 시대의 세금에 대한 이야기를 소개하는 글

■ 전기문

실제로 살았던 사람의 일생을 사실 바탕으로 쓴 글이지요. 그리고 주인공의 일생을 통하여 우리가 본받을 점을 살펴보는 것이 좋아요.

초등학교 저학년 때에 읽을 수 있는 전기문으로는 뛰어나고 훌륭한 사람의 업적과 삶을 소개한 위인전이 있답니다. 세종 대왕, 이순신, 에디슨, 헬렌 켈러 등 많은 위인들의 전기를 읽고, 다음과 같이 주인공에 대해 소개해 봅시다.

- 주인공의 어린 시절 이야기
- 주인공이 다른 인물과 다른 점(성격, 행동) 알리기
- 주인공이 어려움을 이겨 낸 이야기 소개
- 주인공이 살던 시대의 배경 알아보기
- 주인공의 업적 이야기하기
- 우리에게 주는 교훈을 중심으로 나의 생활과 비교, 비판하며 본받을 점 쓰기

■ 동화, 소설

우리들의 나이에 맞는 것으로 택해서 읽는 게 좋아요. 내가 읽고 싶은 책을 골라 보고, 친구들이나 선생님이 추천해 주는 책도 읽어 보세요. 그리고 독후 활동으로 다음 부분을 잘 생각해서 쓰면 멋진 감상문 완성!

- 등장인물의 성격과 행동
- 가장 감동받은 부분(안타깝고 슬픈 일, 나쁜 일) 쓰기
- 사건의 옳고 그름의 비판
- 중심 내용(주제) 파악하며 쓰기
- 등장인물을 나와 비교해 보기

■ 과학

과학에 관심을 갖게 되면 온 세상이 실험실이 된다는 말이 있지요. 과학은 호기심 천국이고, 호기심은 곧 창조지요. 과학이 우리 생활이라는 걸 느껴 보고 글로 써 보아요.

- 책을 읽고 새롭게 얻은 지식이나 깨달은 점 쓰기
- 주인공의 숨은 노력 알아보기
- 책의 내용이 우리에게 미친 영향 등을 평해서 논리적으로 쓰기

■ 시

시 작품이나 시집을 읽고 독후 활동으로 시 낭송도 멋지지 않나요? 다람쥐네 반 아이들은 동시를 읽고 시 낭송회를 했지요. 모두 멋진 낭송가가 되어 시를 외우고, 마음으로 느껴 보는 활동이랍니다. 기록장에는 낭송과는 다른 방법으로 느낌을 적어 보아요.

- ▶ 재미있게 표현된 부분
- ▶ 감동을 주는 시구
- ▶ 시의 배경이나 주제 등을 나의 생활과 비교하고, 시구나 작문을 통해 나의 생각과 느낌을 쓰기

■ 극본

극본은 연극이나 영화를 만들기 위하여 쓴 글이지요. 배우의 동작이나 대사, 무대 장치 따위가 구체적으로 적혀 있습니다. 극본을 읽고 줄거리, 등장인물들의 행동이나 대화를 떠올리며 느낌을 써 보아요.

- ▶ 등장인물을 파악한다.
- ▶ 사건의 줄거리를 안다.
- ▶ 모르는 낱말을 찾아 뜻을 알고 문맥을 이해한다.
- ▶ 연극의 중심 이야기가 무엇인지 안다.
- ▶ 깨달은 점을 말할 수 있다.

글의 종류에 따라 독후감 쓰기

- 인상 깊은 대목으로 → 책의 내용에 따라 다양한 형식으로 쓴다.
  (편지글, 소개 글, 주장하는 글 등)
- 동시로 느낌을 → 풍부한 표현이 들어 있는 독후감을 쓸 수 있다.
- 그림이나 만화로 → 독후감에 대한 부담을 줄인다.

4 재미있는 독서 기록 활동

주인공에게 편지 형식으로 쓴 독후감

『빨간 호리병박』을 읽고

완아, 안녕.

너의 즐거움과 슬픔이 담긴 『빨간 호리병박』 재미있게 잘 읽었어.

그리고 억울한 심정이 나한테 막 느껴지는 것 같았어. 너는 뉴뉴와 친해져서 수영을 가르쳐 주려 했었지. 그런데 사람들은 네가 뉴뉴를 골탕 먹인 것이라고 오해할 때는 나도 안타까웠어.

네 아빠가 사기꾼이라는 소문이 돌아서 사람들도 너를 좋아하지 않을 때 넌 참 슬펐을 거야. 뉴뉴가 강물에 빠진 사건도 네가 아빠를 닮아서 거짓말쟁이라고 생각했으니 얼마나 속상했겠니.

가끔은 사람들이 내가 잘못했다고 오해할 수도 있어. 그럼 아주 속상하겠지. 내가 좋은 생각을 알려 줄게. 이때는 재빨리 조치해야 해. 정직하게 진심을 다해서 말해.

"일부러 나쁜 짓을 하려고 한 것이 아니에요."

"호리병박이 없어도 수영할 수 있다는 걸 알려 주고 싶었어요!"

이렇게 최대한 자세하게 설명해야 해. 만약 그렇지 않으면 상황은 점점 심각해지고, 큰 문제에 빠질 수 있어. 마치 지금처럼 말이야. 앞으론 꼭 나쁜 의도로 한 것은 아니라고 말해야 해. 꼭, 꼭.

난 전학 간 너의 이야기도 듣고 싶어. 어떻게 성장했는지. 뉴뉴랑은 다시 만난 적 있는지. 너의 소식 또 들을 수 있을까? 책을 읽고 주인공 완의 안타까움이 생각나서 이 편지를 썼어. 『빨간 호리병박』 친구야, 우리 씩씩하게 잘 자라자.

그럼, 안녕!

(김도일, 3학년)

편지 형식의 독후감은 편하게 읽히고 친밀감을 줍니다. 글쓴이가 주인공 '완'을 무척 안타깝게 생각하고 있다는 것이 잘 느껴지는군요. "꼭 나쁜 의도로 한 것은 아니었다고 말해야 해 꼭, 꼭!"이라고 당부하는 글에서 그 마음이 엿보이네요. 또한 길게 줄거리를 늘어놓지 않고, 자기의 생각을 한 곳에 집중한 점도 칭찬하고 싶어요.

상소문

전하, 저는 부산에서 올라와 사간원에서 일하는 유생 최호빈입니다.

소신이 이렇게 상소문을 올리게 된 이유는 훈구파가 재물과 권력을 얻기 위해 온갖 부정과 부패를 일삼고 있다는 것을 고하기 위함입니다.

훈구파의 이극돈은 자신의 부정부패가 탄로 날까 두려워 조의제문을 제 마음대로 해석했습니다. 그런고로 저희 사림파 수십 명이 목숨을 잃거나 벌을 받았던 연산군 시절의 '무오사화'를 기억하옵소서.

하온데 다시 훈구파가 저희 사람파의 조광조가 역모를 꾀한다고 거짓 소문을 내었습니다. 벌레 먹은 나뭇잎에 '주초위왕'이라고 쓰인 글은 저희 사림파를 몰아내기 위함입니다. 주(走)와 초(肖)는 조(趙)광조가 왕이 되려 한다는 계략이옵니다.

나뭇잎에다 꿀로 '주초위왕'이라고 써 놓아 벌레들이 꿀을 따라 글자를 갉아 먹게 해 일을 꾸몄습니다. 지금이라도 조광조가 사약을 받고 죽은 '기묘사화'의 억울함을 풀어 주옵소서.

전하, 과연 이 나라를 일으켜 세우려는 자 누구인지 굽어 살피소서.

소신은 나라의 안위를 걱정하며 사림파의 충정과 결백을 밝혀줄 것을 엎드려 고하옵니다.

(유생 최호빈, 4학년)

유생이 되어 사림파의 억울함에 대해 쓴 글이 인상 깊군요. '소신은', '하온데', '하옵소서' 등 옛말을 끌어와 신하의 느낌을 잘 살렸어요. 특히 기억에 남는 대목을 상소문 형식을 빌려 표현하는 것도 훌륭한 독후감 형식입니다

눈에 보이지 않나요? 유생이 되어 비장하게 엎드린 글쓴이가! 그런데도 웃을 수 없

는 것은 이 상소문에서 역사의 어두운 모습을 엿보기 때문이지요. 그래요. 우리는 모두 태평성대를 꿈꾼답니다. 행복한 나라에서 살고 싶으니까요.

대화 형식으로 쓴 독후감

타임머신을 타고
— 소율이의 한국사 여행 이야기 1

"소연아, 언니가 지금 타임머신을 타고 고조선으로 가려고 하거든."
"우와~ 재밌겠다! 나도 데려가 줘."
"그래, 너도 이제 초등학교에 입학하니까 나랑 함께 여행하자."
"좋아, 지금부터 고조선으로 출발!"

"앗! 저 사람들은 왜 나뭇잎으로 몸을 가렸지?"
"그때는 섬유가 발달하지 않아서 풀이나 동물 가죽, 털로 몸을 보호했어."
"그럼 멋도 못 내었겠네?"
"아마도 동물의 가죽이나 털로 멋지게 치장하고 싶었을 거야."
"아빠는 호랑이 털가죽을 욕심냈겠지. 으~호랑이는 무서워!"

"우리 저기 있는 동굴 속으로 가 보자."
"언니, 컴컴하고 딱딱한 이곳이 방이라고?"
"응, 이곳에서 잠도 자고 생활을 했어. 맹수도 피하고 좋지 않니?"
"휴, 언니랑 침대 함께 쓴다고 불평하지 말아야지."
"저기 동굴 벽에 그림이 보이지? 글씨가 없지만 그림으로 어떻게 생활했는지 알 수 있어."
"와, 수수께끼를 푸는 것 같아."

"저기 이상하게 생긴 돌은 뭐야?"
"쇳물을 부어 물건을 만들어 내는 '거푸집'이라는 틀이야. 칼이나 청동 거울 등을 만들었어."

"그럼 농사짓는 기구도 만들었겠네?"
"청동기 시대가 되어 구리에 주석을 섞어 만든 청동 검으로 전쟁을 승리로 이끌기도 했지."
"우와! 그때는 이것이 핵폭탄 같았겠다!"
"청동 거울로 햇빛을 반사시킨 지도자를 우러러보고 모두 땅에 엎드렸단다."

"언니, 여기는 고조선인 거야?"
"응. 고조선 사람들은 벼농사도 지었어. 무를 소금에 절인 김치도 있었고."
"이때는 옷을 제대로 입었겠네? 난 옷이 젤 궁금해."
"그럼, 삼베, 모직, 명주 등으로 옷을 만들어 입었단다. 명주는 누에고치의 실로 만든 부드러운 천이야."
"요즘도 볼 수 있어?"
"응. 엄마가 아끼는 실크 블라우스도 명주로 만든 거란다."

"소연아, 오늘 여행 중 무엇이 젤 인상 깊었니?"
"난 고인돌을 만든 것이 젤 신기해. 어떻게 저 큰 돌을 옮겼을까?"
"봄에 강화도로 가족 여행 가자고 말하자. 아빠 키보다 큰 고인돌을 어떻게 옮겼는지 확인도 하고."
"정말? 와~ 신난다. 그런데 다음 타임머신에도 꼭 태워 줄 거지?"
"좋아. 다음 주는 삼국 시대로 떠나 볼 거야. 역사야, 기다려라. 우리가 간다. 이얍!"

저는 역사를 재미있게 공부하고 싶어서 동생과 함께 매주 타임머신을 타기로 했답니다. 책 속으로 날아가 먼 먼 옛날을 살펴보고, 박물관이나 고적지는 직접 가서 느껴 볼 거예요.

이렇게 매주 역사 여행기를 쓰다 보면 어렵고 낯선 역사랑 저도 친해질 수 있겠지요?

소율이의 한국사 여행기 1편은 대화 형식, 2편은 퀴즈로 나옵니다. 기다려 주세요. 두두 두두두~

(신소율, 4학년)

와~ 발상이 훌륭하군요. 그렇지요. 많은 친구들이 역사 이야기는 힘들어해요. 지금껏 알 수 없었던 그 모든 일들을 어떻게 기억하냐고요. 그럼에도 역사는 알아야겠는데 이 친구는 이렇게 재미있는 공부법을 찾았군요. 이렇게 대화 형식으로. 다음은 퀴즈로 만들어 온다니 기대, 기대!

싱싱한 글쓰기가 보여요.

독서 감상을 일상에 버무린 독후감

아빠를 다시 고른다면

아빠는 언제나 나를 사랑한다고 한다. 말로는 그렇게 한다. 진실일까? 오늘 방에서 뛰어나오는데 형이 갑자기 문을 닫아서 내가 문틈에 끼었다. 그런데 재판관 아빠는 오히려 나를 더 많이 혼냈다.

나는 가끔 아빠가 좋기는커녕 채찍을 든 조련사처럼 보인다. 솔직히 말해서 아빠는 장점도 있지만, 단점도 많아서 "아빠도 못하는 것이 있잖아요." 하고 꼬집어 말하고 싶어 입이 근질거릴 때가 무척 많다.

1학년 때 친구 현준이의 아빠는 여러 가지 운동을 잘하신다. 그런데 우리 아빠는 좋아하는 골프 빼고 다른 운동에는 조금도 관심이 없어 보인다. 솔직히 나는 현준이 아빠가 부러워서 "에이, 아빠도 우리랑 같이 배드민턴도 하고 축구도 했으면 좋겠다."라고 혼잣말로 투덜댄 적이 있다.

최근에 나는 『아빠 고르기』라는 책을 읽었다. 그중에서 내가 아빠를 직접 고른 것이라는 부분이 인상 깊었다. '아빠를 내가 골랐다고? 정말 믿을 수가 없어. 그러면 현준이는 아빠를 잘 골랐구나.' 하는 생각도 들었다. 부자 아빠, 미남 아빠, 공부벌레 아빠, 술과 담배, 놀기를 좋아하는 아빠, 아이를 사랑하는 아빠 중 하나를 고른다면 난 당연히 나를 최고로 사랑하는 아빠를 고를 것이다.

책에서, 사람은 태어나기 전에 아빠를 고르고 태어나고서는 아빠를 고른 기억이 사라진다고 했다. '그렇구나. 내가 고른 아빠지만 나에게는 기억이 하나도 없구나. 나는 아빠의 어떤 점이 좋아서 골랐을까?' 분명히 아빠는 내가 선택할 만한 좋은 점이 있었을 것이다.

아빠는 우리를 걱정하는 게 취미인 것 같다. 형과 내가 우당탕 다투기도 하고, 가끔 다치거나 작은 사고가 자주 일어나기 때문이다. 또 아빠는 뛰어난 이야기꾼이다. 아빠가 『동주 열국지』를 밤에 읽어 주실 때 나는 스르르 꿈에서 장군이 되어 있었다. 군사를 이끌고 전쟁터를 호령하면서, "드르렁 푸……. 이얏!"
　　생각해 보니 아빠는 언제나 우리를 믿고 우리 편에 서서 응원한다. 아빠가 하는 일에도 최선을 다하며 우리 가족을 아끼고 항상 집 안 분위기가 좋도록 노력한다. 형과 나의 마음을 잘 이해해서 장난감 하나를 고를 때도 우리 마음에 드는지 꼭 살펴보신다. 언제나 우리한테 친절하고 보고 싶다는 책은 다 사 주신다. 아빠는 최고다.
　　만약 내가 다시 아빠를 고른다면 나는 다시 똑같은 아빠를 고를 것이다. 역시 배 속에서부터 나의 선택은 옳았어.
　　"아빠, 나는 아빠가 내 아빠여서 자랑스러워요."

(김도현, 3학년)

　　하하, 아빠를 다시 고른다고요? 정말 엉뚱한 생각이지요. 걸핏하면 형보다 글쓴이를 더 많이 혼내는 아빠가 채찍을 든 조련사 같대요. 언제나 사랑한다고 하지만 그건 말뿐, 아빠도 못하는 게 있으면서. 콕 집어내어 따지고 싶은 글쓴이. 하필 이럴 때 『아빠 고르기』란 책을 읽었어요. 어째 좀 수상하지요?
　　사람은 태어나기 전에 아빠를 고르고, 태어나고서는 기억을 못 한대요. 글쓴이는 자기가 아빠를 골랐다는 걸 믿을 수가 없대요. 도대체 아빠의 어떤 점이 좋아서 골랐을까요?
　　곰곰이 생각해 보니 아빠에게도 좋은 점이 많네요. 최선을 다해 일하는 아빠, 늘 글쓴이를 믿고 응원하는 아빠, 『동주 열국지』를 읽어 주고, 보고 싶다는 책은 다 사 주는데……. 이만한 아빠가 또 어디 있다고! 역시, 다시 태어나도 똑같은 아빠를 고르기로 했군요. (『어린이조선』 문예상 평에서)

제4장
일기장아, 친구가 되어 줘

1 일기장은 내 마음속 친구

　일기는 지겨운 숙제라고 생각한 적 있나요? 힘들었다고요? 귀찮았다고요? 저런, 저런! 엄마나 선생님은 일기를 써야 한다고 해서 고민이라니 이해할 만해요! 그렇지만 어른들은 왜 재미없는 일기를 쓰라고 할까요? 그건 일기가 유익하다고 생각해서 그런 거랍니다.
　그렇다면 일기를 좋은 친구로 사귀어야겠지요. 요즘 누구나 관심 있는 논술도 일기가 기본이거든요. 물론 논술의 기본은 책 읽기로 시작해요. 그렇지만, 글로 써서 표현하는 것이므로 글쓰기를 다양하게 익혀 두는 데 일기만큼 좋은 게 어디 있을까요. 일기는 매일매일 글쓰기 할 기회를 주고, 자신의 생각과 주관을 정리하는 데 아주 훌륭한 역할을 하기 때문이지요.
　지금부터 일기를 친한 친구로 만드는 방법을 알아봅시다. 친구를 사귀려면 내 마음부터 열어야겠지요. 그러니까 새 친구 맞을 준비를 단단히 하자는 거랍니다. 우선 일기장부터 멋진 것으로 준비해 볼까요?
　어떤 일기장이 좋을까요? 어떻게 써야 할까요?
　일기장은 나의 역사입니다. 그러므로 정직하게 써야 하고 충실하게 기록해야 합니다. 또한 소중하게 보관할 줄도 알아야 한다는 걸 꼭 알아 두세요.

이런 일기장이 좋다

- 산만한 그림이 있거나, 조잡한 일기장은 NO. (선생님은 줄 친 무지 종합장을 추천)
- 상큼하고 단정한 표지는 OK.
  '일기장은 내 친구' '친구야, 오늘은' 등 표제를 붙여도 좋다.
- 다른 학습장과는 구별이 되게. (일기는 특별한 친구니까)
- 정성껏 쓰고 파손되지 않도록 보살핀다.
- 다 쓴 일기는 철해서 소중하게 보관한다.

글감 찾기는 이렇게

사소한 일에도 글감이 있지요. 무심코 지나쳤던 사물, 나무, 소지품, 친구와 이웃, 자연 등에도 관심을 가져 보아요. 체험도 떠올려 보아요. 또 글감을 위해서 다양한 체험 기회를 만들고, 경험을 바탕으로 글을 쓰면 나의 친구 일기장은 몹시 재미있어 하겠지요.

- 공연이나 전시회장, 음식점, 시장 가기 등.
- 요리를 하면서 관찰한 느낌, 청소를 하면서 무심코 본 물건에 대해 생각해 보기.
- 함께 영화나 TV를 보면서 부모님과 의견 나누고 느낌 쓰기.
- 주제를 정하고 신문이나 광고, 팸플릿, 전단지를 가지고도 할 얘기가 있음.

2 수업 활동으로 일기 쓰기

볼링 놀이를 한다고? 수학 시간에? 이럴 때 여러분들은 숫자 공부보다 볼링공을 먼저 굴려 보고 싶을걸요! 마음보다 몸이 앞서는 친구들은 몸을 앞으로 내밀고 술렁술렁. 그렇지만 차례가 있는 법, 모두들 순서를 기다리며 공이 오기만을 기다렸겠지요.

폼을 잡고 차례를 지켜 열심히 하네요. 장난치는 사람 하나도 없이 즐거워하는 게 눈에 보이더군요. 이때, 선생님은 좋은 예감이 드는 거지요. 멋진 일기감이구나! 왜냐고요? 함께 볼링은 했지만 점수가 다르고 느낌이 다른 경험을 하고 있잖아요! 오우! 좋은 글감이 숨어 있네요. 하하하, 생각 그물을 치게 해야지요! 수학 시간, 볼링 놀이, 스트라이크, 우진이, 내 점수…….

자, 이제 생각을 모았으면 일기장을 꺼내 봐요. 그리고 다시 한번 생각을 정리해요.

- ▶ 어느 부분이 인상에 남았나?
- ▶ 가장 중심이 되는 활동은?
- ▶ 제목만 보아도 글의 내용을 알 수 있는 말은?
- ▶ 스트라이크를 친 우진이가 인상에 남았다면 어떤 부분이?
- ▶ 나의 점수와 느낌은 어땠지?

참으로 영리한 친구들, 쓱싹쓱싹! 시간이 오래 걸리지도 않네요. 동작 빠른 친구가 먼저 일기를 들고 나오네요. 잠깐, 너무 서두르지는 않는지! 그렇지요. 역시, 느낌을 더 자세히 썼으면 좋겠어요. 마무리도 안 되어 있네요. 선생님이 다시 한번 말해 줄게요.

- ▶ 내 생각을 좀 더 세밀히 써 보렴.
- ▶ 다른 장면도 이어서 써 보자.
- ▶ 우와, 어떻게 이런 장면을 생각했지? 이젠 내 느낌만 쓰면 좋은 글이 되겠다!
- ▶ 정말 훌륭해, 스트라이크를 이렇게 비유하다니! 틀린 말이 있나 또 읽어 보렴.

내가 본 것, 나의 느낌을 살리려고 골똘히 생각에 잠겨 있는 친구, 즉시 생각을 쓱쓱 써내려 가는 친구, 몰입하는 친구들의 모습이 신통하네요. 자, 이젠 그중 특징 있는 글을 살펴보아요. 어느 부분이 잘 표현되었나, 느껴 보세요.

우리 반 친구들은 내 글이 뽑혀 읽히지 않았더라도, 떠오른 생각을 한 줄이라도 글로 옮겨 적었다면, 이미 기본 100점이죠! 모두 100점! 그러나 우리 반 친구들은 꿈의 ★500점도 있다는 것을 알아요. 그것은 선생님을 감동시켰을 때 나오는 최고의 칭찬이지요.

내 폼이 멋있대요!

　2교시에 수학 공부를 했다. 그것은 게임이었다. 바로 공을 굴려서 핀을 맞히는 것이다. 맨 먼저 승희가 앞으로 나와서 굴렸다. 4개가 쓰러지고 6개가 남았다. 우리 반은 모두 한 명씩 해 봤지만 10점을 맞히는 것은 어렵게 보였다.

　어떤 아이는 계속 굴려도 하나 맞히지 못했다. 3분단 아이들이 거의 다 하고 끝에 앉은 윤우진 차례다. 그런데 스트라이크가 나왔다. 나는 우진이가 어디서 그런 힘이 나왔는지 너무 궁금했다. 우진이는 맨날 힘이 없어 보였는데 이제 보니 우진이도 힘이 있나 보네? 나는 깜짝 놀랐다. 그리고 스트라이크가 나왔기 때문에 한 번 더 하였다.

　이제 내 차례다. 가슴이 두근거리고 팔에 힘이 들어간다. 나는 공을 굴릴 때 폼이 아주 좋다고 또 한 번 시켜주셨다. 2번째로 공을 굴렸는데 한가운데를 맞혔다. 나도 스트라이크를 칠 뻔했는데 8개를 넘어뜨렸다. 우유를 마시는데 선생님께서 우진이에게
　"우진아, 너 행운의 날이다. 복권 사야겠다."라고 말씀하셨다.
　나는 '혹시, 우진이가 지원이보다 꿀물을 더 마셨나?' 라고 생각했다.

(이영원)

　(* 꿀물 – 정지원이 100점 맞던 날, 선생님 : "놀랍고 기쁘다. 그런데 지원이, 웬일? 천재가 되는 약을 먹었나?"/지원 : "아침에 꿀물을 먹고 왔어요."라고 한 일이 있었음.)

▶ 행운과 복권의 이미지에 스트라이크를 겹쳐 글을 살렸으며, 두 번 공을 굴린 이유를 빠뜨리지 않고 썼음.

시원한 스트라이크!

수학 교과서에서 '볼링 게임' 놀이가 나왔다. 손승희 다음 내가 나갔다. 아쉽게도 나는 3개밖에 쓰러뜨리지 못했다.

우리 분단 마지막에 앉은 우진이가 나와서 볼링 핀을 쓰러뜨리기 시작하였다. 그런데 이게 웬일인가? 우진이가 굴린 공이 핀을 모두 쓰러뜨렸다. 나는 3개밖에 넘어뜨리지 못했는데 말이다.

내 생각에는 우진이도 지원이를 따라 꿀물을 마신 것 같다. 바로 우진이가 스트라이크를 친 것이다. 그래서 한 번 더 하여 우진이는 8점을 또 맞았다. 선생님께서
"자기가 쓰러뜨린 개수가 점수가 되는 거야."
라고 말씀하셨다. 우진이는 18점을 맞은 것이다. 이전에는 우진이가 기운이 없고 얌전했는데 지금은 갑자기 힘이 솟아오르는 것이 보였다. 나는 이렇게 큰 힘이 솟아오른 우진이의 모습을 전에는 보지 못했다.

지원이도 고마웠다. 왜냐하면 바자회 때 지원이가 볼링을 사지 않았다면 볼링을 하지 못했을 거다. 저번에도 지원이가 꿀물을 먹고 학교에 와서 받아쓰기를 하고 난 후 백 점을 맞았고, 다시 지원이로 인해 스트라이크 점수를 받을 수 있는 시간이 온 것이다.

영원이는 학습 태도와 글짓기 대상을 받아 스트라이크 점수를, 산아도 학습 태도와 독서 대상으로 스트라이크 점수를 받아 왔다. 이 일들은 전에 있었던 일이다. 우리 반은 바로 우진이의 스트라이크와 영원이의 스트라이크, 산아의 스트라이크와 지원이의 스트라이크까지 모아서 4개의 스트라이크를 모았다.

나도 스트라이크를 쳐야겠다.
"김진우 파이팅!!!"

(김진우)

▶ 김진우의 「시원한 스트라이크!」는 상당히 뛰어난 발상임. 볼링 놀이에서 나온 스트라이크와는 다른 의미에서 스트라이크를 찾아낸 것이 돋보임.

즐거운 볼링 시간

'두두두두, 우르르 쾅!'
"스트라이크다!"

오늘 우리 반에서 볼링을 했다. 정지원이 바자회에서 샀던 볼링 덕분에 볼링 놀이를 할 수 있었다. 처음엔 유치 장난감인 줄 알았더니 꼭 필요한 장난감이었다. 그리고 윤우진이가 '오늘의 볼링왕'이었다. 모두 10점을 넘지 못했는데 윤우진만 18점을 얻었다. 모두 환성을 질렀다. 나는 소리를 듣기만 해도 많다는 느낌이 들었다. 1~2개는 소리가 작았는데 윤우진이 스트라이크를 칠 땐 엄청 큰 소리가 났다. 친구들은 모두 놀랐다. 난 우진이가 부러웠다. 또 우진이가 자리로 돌아올 때는 정말 기쁜 표정이었다.

나는 5점 받았다. 또 여자 애들은 정채린과 손승희가 7점으로 놀라운 볼링 실력을 발휘하였다. 나머진 거의 다 1~4점이었다. 볼링이 정말 어려웠다. 윤자훈과 신현근, 이영원, 민후 같은 애가 스트라이크를 못할 때는 모두가 아쉬워했다. 여자 애들이 낮은 점수를 받을 땐 웃음거리가 되었다. 왜냐하면 남자 애들이 '우~' 하는 목소리를 내서 그랬다.

나는 스트라이크는 못 쳐도 재미있게 해서 이것으로도 만족한다. 또 볼링이 하나의 활력소가 된 것 같고, 볼링을 하니 속이 시원했다.

(김산아)

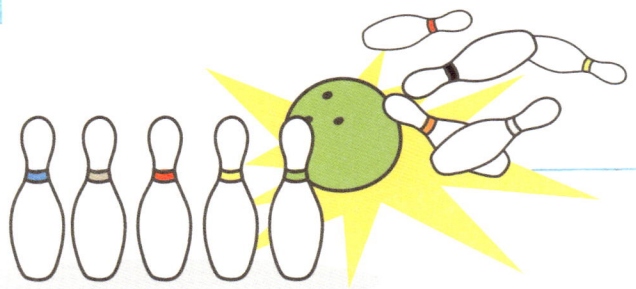

▶ 김산아의 「즐거운 볼링 시간」은 소리의 감각을 아주 잘 표현한 글임. 또한 소리의 문장 부호와 대화 글의 문장 부호를 구분해 표현함으로써 글을 생동감 있게 하고 있음.

함께 경험한 것을 썼는데 모두가 보고 생각하는 관점이 다른 게 신기해요. 그것은 나만의 글쓰기를 했다는 것입니다. 내가 느낀 것을 쓰는 것은 즐거운 글쓰기가 된 것입니다.

이 친구들은 일기를 쓸 때 선생님이 일러 준 '글쓰기 짧은 Tip'을 잊지 않고 썼네요. 내용도 좋지만, 문장을 길게 늘이지 않고 쓴 것도 잘했군요. 무엇보다 학습 태도가 아주 훌륭했어요. 그래서 선생님은 오늘도 칭찬 도장 꽝, 꽝, 꽝.

글감을 찾았어요!

저 아이 좀 봐! 사관생도처럼 허리를 꼿꼿이 세우고, 눈에는 힘을 주고, 후훗! 알겠다! 수업 태도를 바르게 가지려고 애쓰는 모습이네. 잘 하겠다는 노력이 눈에 보이네. 그럴 땐 선생님도 먼저 발표를 시킨다는 걸 눈치챘군. 영리한 친구들!

다른 한쪽에서는 장난을 치는 아이, 책상 속에 손을 넣고 무언가 부스럭거리는 아이, 수업 태도를 고쳐 줄 아이와 칭찬해 줄 아이에게 들려 줄 이야기가 필요하군요. 수업 진행이 마무리될 무렵이니까 정리를 하면서 생각을 키우도록 해야겠어요.

"일기장을 책상 위로."

"오늘의 글감으로는 공부한 것을 바탕으로 생각의 폭을 넓혀 글을 써 보세요."

새롭게 알게 된 것과 느낌을 현장에서 바로 써 보는 것은 살아 있는 글쓰기 훈련입니다.

친구가 조금 전 발표한 책의 내용은 유엔 사무총장으로 선출된 우리나라 사람에 대해서라고? 그 사람이 학교 다닐 때의 학습 태도는? 영어 공부를 남들은 한 번 암기할 때 열 번을 했다는데, 어릴 때부터 외교관을 꿈꾸었다는데, 지금은 대통령처럼 국빈으로 대접받는 사람으로 성공했다는데, 등 많은 이야기를 들었다고? 그럼 들은 얘기를 정리하면서 내 생각을 써 보면 되겠군요.

"제목은 어떻게 정해요?"

"글쎄, 꿈을 이룬 사람의 얘기니까 각자 생각해서 정해 보아요."

이제는 글쓰기에 자신이 붙은 친구들이 많아서 벌써, 연필이 쓱쓱 지나가는 소리가 들리는군요. 첫 줄을 쓰고 다음에 쓸 말을 고르고 있는 아이, 벌써 반 쪽이 넘어간 아이.

그런데, 저기? 생각을 너무 깊게 하는지 한 줄도 못 쓴 사람이 보이네요. 어렵지 않아요. 선생님이 해 준 말부터 먼저 써 봐. '이런 말을 들었어요.'라고 하면 돼. '나도 이렇게 노력해야겠어요.'라고 느낌을 적어 보는 거야. 벌써 끝낸 친구가 보이네요. 어디? 어떻게 썼나 살펴볼까요. 오, 민후가 반기문 전 유엔 사무총장에 대해 썼군요.

"잘했어요, 훌륭해."

너희들이 먼저 박수를 치는구나! 왜? 친구가 잘 썼다는 걸 눈치를 챘군. '유엔(UN)은 각국의 대표들이 나라가 힘들고 평화롭지 않을 때 회의를 한다.'라는 말은 아직 배우지 않았던 부분이니까. 그런데 친구의 글을 잘 듣고, 칭찬과 격려를 하고 있는 모습이 더 멋지지 않니? 역시, 공부할 줄 아는 친구들이라니까!

"유엔은 여러 나라 대표들이 지구의 평화를 위해 모여서 회의를 하고 중요한 결정을 하는 곳이지요."

"이번엔 누가 나와 읽어 볼까요?"

이럴 때 내 생각을 자신 있게 얘기해야 해요. 틀려도 괜찮아. 부족해도 괜찮아. 함께 생각을 나누고 다시 글을 고쳐 볼 수 있으니까요.

칭찬을 받고 얼굴이 빨개져서 자리로 들어가는 민후 다음, 산아가 나오네. 그래! 산아는 '고모가 유엔에서 인턴사원으로 공부하고 있다.'고 쓴 것 같았어.

"저희 고모는 지금 유엔에서 공부하고 있습니다. 그런데 유엔에서는 지금 북한의 핵 실험으로 골치가 아플 것 같습니다. 세계 평화가 깨어질까 걱정되어서요."

"잠깐, 조금 전 공책에는 북한 핵 실험 얘기는 없었는데?"

"방금 생각했어요."

"민후의 글을 듣고?"

"예, 쓸 말이 갑자기 생각났어요."

산아는 글을 읽다가 즉시 자신의 글을 보충했구나! 이런 것을 '첨삭'이라고 하지요. 내용을 보태거나 어느 부분을 고치는 것. 그렇구나! 생각을 더 끌어 올 수 있네요. 모두 고개를 끄덕이는 기특한 친구들.

다음 날, 아침이었어요.

선생님이 교실에 들어서자, 뒤에 앉은 자훈이가 성큼성큼 앞으로 걸어 나와 일기장을 내밀고 있네요.

"어제 학교에서 일기 썼는데 또 밤에 썼어?"

"예, 쓰고 싶어서요."
"쓸 말이 있었구나! 좋아, 선생님이 읽어 볼게."

10월 18일, 더위가 물러가지 않음

시끌벅적 북한 핵 실험

요즈음 북한 핵 실험 때문에 논란이 되고 있습니다. 그래서 미국에서는 감시 전투기를 쏘아 올렸습니다. 왜냐하면 핵무기를 우리나라에 쏜다는 얘기도 있어서 쏘아 올린 것입니다.

그런데 왜 형제 나라끼리 싸워야 하는 걸까요? 동맹을 맺으면 끝날 것을 왜 싸울까요? 그것은 생각이 다르기 때문입니다.

그것도 한두 가지가 아니지요. 왜냐하면 70년이나 떨어져 살았기 때문입니다. 6·25 전쟁 때 크게 다투고 나서는 뒤도 돌아보지 않았어요. 그러니 이런 일이 일어날 수밖에 없었지요.

지금 유엔에서는 이 문제를 연구하고 있어요. 저는 이 일이 잘 넘어갔으면 좋겠습니다.

〈윤자훈〉

정성껏, 또박또박 쓴 글씨가 공책 한 쪽을 채우고 있네요. 1학년 어린이의 글로 보기에는 제법이었어요. 그런데, '논란'이라니…….

"엄마가 도와주셨니?"

"아니요! 엄마는 동생하고 목욕하고 있었어요."

선생님이 믿지 않을까 봐 눈이 휘둥그레지는 아이, '정말, 저 혼자 썼다고요.' 깊은 눈빛이 그렇게 말하고 있군.

"그런데 핵 실험, 누가 말해 주었어? TV를 보고?"

"우리 집엔 TV가 없어요. 신문에서 보았어요."

"어린이 신문?"

"어른 신문이요. 아빠가 1면의 큰 글씨는 매일 읽어 보라고 했어요. 요즘은 온통 북한 핵 실험 이야기만 나와요."

아하, 이 아이는 어제 친구의 말을 듣고 자기의 생각을 더 쓰고 싶었구나! 그리고 선생님께 인정도 받고 싶었구나! 선생님은 또 감동! 순식간에 어제로부터 지금까지 이어지는 일들이 한눈에 보였지요. 친구의 생각을 이어서 생각해 보는 아이들, 이렇게 열심히 공부하는 아이들이라면 우리나라는 정말 우수한 인재가 많은 나라가 될 거라는 생각에 흐뭇했어요.

"자훈아, TV가 없으면 재미가 없지 않니? 보고 싶은 게 없어?"

"그 대신 책을 많이 읽어요. 저는 책 읽는 게 좋아요. 꼭 보고 싶은 TV 프로그램은 인터넷에서 볼 수 있어요. 저는 축구만큼은 꼭 시청해요."

그렇군. 그런 방법이 있었군. 책과 함께 노는 친구. 선생님도 크게 박수를!

서로 칭찬하며 글과 놀아요!

일기를 꼭 길게 쓸 필요는 없어요. 하루 200자 일기가 소설가를 만든다는 말도 있지요. 200자는 쉽게 쓸 수 있는 분량입니다.

2학년이 되었다. 그러나 아직도 일주일에 3번은 집에서 줌 수업을 한다. 친구들과 함께 공부하고 싶고 운동장에서 공도 차고 싶다. '코로나야, 이젠 그만 떨어져!'
백신 접종이 시작되었다고 한다. 우리 식구들은 언제 맞을까? 마스크는 언제쯤 벗을까? 탄천에 나가 보니 개나리와 벚꽃이 피었다. 활짝 핀 꽃을 보니 기분이 상쾌했다. 올여름엔 강릉 할머니 댁에 꼭 가고 싶다.

이렇게 매일 일기를 쓴다면 「변신」이라는 훌륭한 작품을 쓴 프란츠 카프카처럼 멋진 소설도 쓸 수 있답니다. 카프카의 일기만 따로 묶어 나온 책도 있거든요.

다만, 짧게 쓰는 것이 습관이 되면 글을 세밀하게 쓸 수가 없어요. 문장을 길게 이어 가려면 글밥을 늘리는 연습이 필요하거든요.

상장을 보세요!

정말 기발한 생각이지 않나요? 일기 쓰기가 귀찮다고, 할 말이 없다고 걱정하던 친구가 어느 날 작정하고 일기를 써 왔어요.

우와, 자그마치 4쪽이나!

같은 말을 늘어놓은 게 아니라 생각에 가지를 치고, 그날의 일을 다양한 감정으로 표현해 왔지요.

며칠 후, 친구들이 상장을 만들어 와 수여식을 하네요. 모두 즐겁게 손뼉을 쳐 주며.

선생님도 박수를 쳤지요. 상장을 주는 친구들을 대견하게 바라보며. 하하, 논술반 기네스북이라니!

3 다양한 형식으로 일기 쓰기

늘 똑같은 형식으로 일기를 쓰면 재미가 없지요. 아마 내 친구 일기장도 지루해 할 걸요. 즐겁고 재미있게 일기를 쓰려면 글의 형식에 변화를 주어야 해요. 옷을 맵시 있게 갈아입고 머리 모양도 바꾸면 내 마음이 새로워지듯, 일기에도 변화를 주면 더욱 재미있어질 거예요.

다음과 같이 동화 형식으로 일기를 써 볼 수도 있습니다.

사라진 문자 알

'문자 왔숑~ 문자 왔숑'

'〈web 발신〉 문자를 사용할 수 있는 알이 모두 소진되어 문자 발신이 제한됩니다. 고객님의 충전일은 28일입니다.'

핸드폰의 문자를 보고 있는 채린이의 어깨 너머로 엄마도 함께 들여다보며 눈살을 찌푸립니다.

"임채린, 너 알 다 썼구나! 10월이 된 지 얼마나 됐다고 언제 다 썼지?"

"앗! 벌써 다 썼대요? 어떡하지? 친구들이랑 약속 잡을 때 난 큰일 났네!"

채린이는 친구와 못 놀까 봐 그게 더 큰 걱정입니다.

"으이그, 그러니까 좀 아껴 쓰지. 쯧쯧."

속상한 채린이는 엄마의 핀잔에 더 입이 나옵니다. 공연히 핸드폰만 만지작거리다가 엄마 심부름으로 편의점도 다녀왔지만 하루 종일 기분이 좋지 않습니다.

"이젠 난 어떻게 해? 으아앙~ 울고 싶다. 그래도 충전일이 11월 1일이 아닌 게 얼마나 다행이야."

채린이는 혼자 중얼거리며 남은 날짜를 세어 보았어요. 그러고는 다시 얼굴이 어두워졌습니다.

"1일, 2일, 3일, 4일…… 휴, 날짜가 너무 많이 남았잖아."

엄마는 침울하게 있는 채린이가 딱해 보였는지

"얘, 안 좋은 기억은 빨리 잊어버리고 참고 기다리렴."

위로해 주십니다. 사실 예전에도 멀리 사는 친구와 밤이 늦도록 이야기하다가 알을 다 쓴 적도 있었지요. 그때 기억을 깜박 잊었던 거예요. 채린이는 다시는 이런 실수가 없도록 해야겠다고 결심하며 잠자리에 누웠습니다. 편리하면서도 잘 다루어야 하는 짝꿍(핸드폰)은 잠시 멀리해야겠다고 다짐하며.

"그래, 시간아 빨리 가라. 짝꿍아, 기다려!"

채린이는 다음 충전일을 손꼽으며 스르르 잠이 들었습니다.

(오늘 있었던 일을 채린이라는 등장인물을 통해 동화 형식으로 표현함)

(최정원, 3학년)

우와! 어린이 동화작가가 탄생했군요! 자기의 경험을 이렇게 동화로 꾸몄대요. '나'를 '채린'이라는 등장인물로 만들어 써 보았다니 그런 생각이 참 기특합니다. 일기를 쓸 때 표현 방법을 바꾸어 보아요. 같은 경험이나 같은 생각이라도 전해져 오는 느낌은 또 새롭지요.

여러 가지 형식의 일기 쓰기
- 글의 종류에 따라 독후감 쓰기
  → 느낌을 동시로 표현하거나, 다른 입장에서 써 본다.(오늘 엄마가 본 나는?)
- 편지 형식으로 글을 써 본다.
- 스스로 대견하다고 생각하는 일을 '성공 일기' 형식으로 기록해 본다.
- 만화나 그림으로 생각을 나타낼 수 있다.
- 한 주제로 이어서 글을 쓸 수 있다.(테마가 있는 일기)
- 신문이나 뉴스를 보고 쓴다.(기사 일기)
- 관찰 일기, 경제 일기, 효행 일기, 독서 일기, 시조 형식의 일기 등 다양하게 표현한다.

일기를 쓸 때는 생각에 집중을

글씨를 틀리면 어쩌나. 글씨가 예쁘지 않아 지우고, 또 지우고. 오! 그건 너무 힘들어요. 그건 너무 신경 쓰지 말아요. 그냥 편하게, 그러나 정성껏 쓰면 된답니다. 떠오르는 생각을 일단 써 놓고 나중에 고쳐 보아요.

힘들여 경필 쓰기 하듯 쓰려고 하면 생각이 달아나거든요. 글씨 쓰기에 초점을 맞추어 생각이 풍부해질 틈이 없기 때문이지요. 틀리지 말아야 한다고 조바심을 내면 글쓰기가 자유롭지가 않아요. 이렇게 편하게 생각해 보아요.

▶ 글씨를 너무 못 썼다고 걱정하지 않는다.
▶ 띄어쓰기가 잘못되었더라도, 맞춤법이 틀리더라도 떠오르는 생각을 먼저 쓴다.
▶ 나중에 적절한 말로 다시 고쳐 본다.

어때요? 이젠 자신 있게 가슴을 내밀고 담아 둔 마음을 글로 쓸 수 있겠지요? 일기장은 나의 그런 모습을 더 좋아해요. 편한 친구니까요. 나를 다 이해하니까요. 그러나 편한 친구에게도 예의를 지키듯 정성껏 하려는 마음은 담아야겠지요.

일기장은 솔직한 걸 좋아해

어제 속상한 일이 있었다고요? 지금도 그 생각이 자꾸 나고 눈물이 난다고요? 그럼 친구에게 말해 보아요. 무슨 일이 있었는지. 지금 네 마음이 왜 아픈지. 그런데 누구에게도 털어놓을 수 없다고요? 엄마 아빠가 싸운 걸, 엄마가 울었던 걸 얘기하면 창피하다고요? 엄마가 그런 이야기를 썼냐고 야단칠까 겁난다고요?

괜찮아, 괜찮아요. 어른들도 오히려 여러분의 그런 모습을 더 잘 이해해요. 너의 친구 일기장에게 모든 걸 얘기해 봐요. 부모님께는 직접 말할 수 없으면 편지글로 쓰면 좋겠네요. '엄마 아빠, 웃는 모습 보고 싶어요.'라고. 일기장에게 모든 걸 털어놓으면 오히려 마음이 밝아질 거예요. 위로가 될 거예요. 그렇지만 이건 꼭 알아 둬야 해요.

- ▶ 있었던 일을 부풀리지 않는다.
- ▶ 속상한 일은 상대방 입장에서도 생각해 본다.
- ▶ 긍정적인 생각을 갖도록 한다.
- ▶ 솔직하되 표현을 거칠게 하지 않는다.

그래요. 친구가 나를 놀렸다고 흉을 보거나, 엄마 아빠가 다투었다고 원망만 가득하다면 안 되겠지요. 아마 마음씨 착한 일기장이 제일 듣기 거북해 할걸요. 왜냐하면, 심통이 난 모습은 예쁘지 않으니까 '참아라!' 하고 말하고 싶을 거예요. 나의 친구 일기장은 내가 마음이 곱게 성숙해지기를 바라고 있으니까요.

내 친구 일기장을 자랑해

일기장을 자랑하고 싶은 때가 있을 거예요. 물론, 여기저기 떠벌리는 건 아니지요. 엄마와 선생님께 나의 노력과 생각, 있었던 일을 말하는 거지요. 아마, 생각을 나누면 선생님과는 더 친해질걸요. 엄마는 나를 더 많이 이해할 거예요. 생각을 키우는 모습이 기특하고 대견스러울 거예요.

"엄마, 오늘 이런 일이 있었어요."

"선생님, 제 생각이 어때요."

이렇게, 나의 마음을 함께 느껴 줄 사람에게 보여 주세요.

4 쉽게 시작하는 일기 첫머리

첫머리 쓰기가 잘 되면, 하고 싶은 말과 생각을 쉽게 끌어낼 수 있지요. 다음 글을 읽어 보아요. 첫 말문을 여는 문장으로 인해 글이 자연스럽게 이어지는 것을 볼 수 있어요.

의성어로 시작하는 첫 문장

묵념을 했다

'위이이잉~'

어디선가 긴 사이렌 소리가 들렸다. 처음에는 기계 고장이 났나 하고 주위를 두리번거렸다. 밖에서 들려오는 소리인데 알 수가 없었다.

"언니, 무슨 소리야?" 동생이 내게 물었다. 그때 아빠께서

"오늘이 현충일이야, 그래서 10시에 사이렌이 울리는 거란다. 저 소리는 모든 국민들이 묵념을 하자는 뜻이야."

"어떻게 묵념을 하나요?"

"하던 일을 멈추고 나라를 위해 목숨을 바친 영혼을 위로하며 잠시 고개를 숙여 묵상하는 거야. 우리도 함께 하자."

아빠와 함께 동생과 나는 묵념을 했다. 태어나서 처음이다. 내년에도 이 사이렌 소리가 들리면 묵념을 할 것이다. 태극기도 조기로 달았다. 조기는 보통 태극기보다

조금 아래에 단다.
국경일이지만 슬픈 국경일이다.

(○○○, 3학년)

일기 쓰기, 처음 시작의 예

- 시간으로 시작 – (오늘 새벽이었습니다.)
- 장소로 시작 – (운동장에서 일어난 일입니다.)
- 주인공으로 시작 – (내 동생은 매우 귀엽습니다.)
- 속담으로 시작 – ('세 살 버릇 여든까지 간다.'라는 말이 있습니다.)
- 의성어로 시작 – ('쨍그랑' 유리창이 또 깨졌다.)
- 처음부터 설명으로 시작 – (우리 엄마는 요리 솜씨가…….)
- 대화 글로 시작 – ("야호! 방학 계획표 완성!")

5 쑥쑥 생각을 키우는 일기

여행하면서 생각을 정리한 일기

다음 어린이는 여행을 가서도 일기를 썼군요. 인상 깊은 일만 간단히 기록하는 여행 일기는 부담스럽지 않아요. 구구절절 많은 것을 쓰지 않아도 여행의 추억을 훌륭히 남길 수 있답니다.

여행 이야기

8월 7일, 가자, 평창으로
그토록 기다리던 가족 여행 가는 날. 아침부터 우리 가족은 바빴다. 짐을 챙기는 손길도 들떠 있는데 엄마는 내 가방을 넘겨주며
"지호야, 수영 모자, 안경 잘 넣었나 확인해!"
"틈틈이 읽을 책도 챙겼지? 우산도?"
아침 뉴스도 온통 장마 이야기다. 기상 이변으로 올해 장마는 50일이 넘는다고 걱정인데 난 내 여행 기간에 비가 와서 더 아쉽다.
드디어 우리가 지낼 휘닉스파크에 도착했다. 근처에는 지중해풍으로 만든 물놀이장 블루캐니언이 있다. 워터파크에서 난 슬라이드를 많이 탔다. 가장 재미있었던 건 패밀리 슬라이드였다. 큰 튜브에 다 같이 타고 뱅글뱅글 돌며 내려가는 것이다. 예전엔 무서워서 못 탔었는데 타 보니까 재미있었다.

8월 8일, 목장길 따라
오늘도 비가 온다. 아빠가 목장에 가자고 하셨다. 대관령에는 큰 세 개의 목장이 있다. 하늘목장, 삼양목장, 양떼목장. 우리는 예전에 삼양목장에 가 보았었다. 그때는 겨울이어서 하얀 눈이 쌓인 목장길을 볼 수 있었다. 이번엔 양떼목장을 택했다. 비가 조금씩 그쳐 산책로를 따라 걷다 보니 양들이 풀을 뜯고 있는 모습이 보였다. 내려오는 길목 체험장에 들러 양들에게 건초를 집어 주었다. 낯선 강아지나 고양이는 덥석 잡기가 어려운데 왠지 친근하다. 마른 풀을 맛있게 씹고 있는 양들이 귀여웠다. '양같이 순하다'는 말이 왜 생겼는지 알겠다.

8월 9일, 물회가 사르르
벌써 셋째 날이다. 우리 가족은 평창에서 양양으로 넘어왔다. 그러고는 속초에 가서 유명한 물회를 먹고 속초 해수욕장으로 향했다. 캠핑 의자와 돗자리도 가져왔다. 역시나 비가 왔다. 동생 지안이는 아빠와 바닷물에 발목만 담갔다가 홀딱 젖어서 돌아왔다. 그 모습이 우스꽝스럽지만 재미있다. 마음속에 사진 한 장 찰칵, 찍었다. 오늘따라 파도가 유난히 높고 세게 철썩인다. 그러나 시원한 바닷바람을 느낄 수 있어

좋았다.

8월 10일, 얏호! 파도를 탄다

오늘 떠나는 날이다. 엄마와 나는 아쉬워서 솔비치 해변 산책로를 걷고 있었다. 오늘은 하늘이 맑았다. 산책로 중간에는 모래사장과 바다가 넓게 펼쳐져 있다. 정말 아름다웠다. 엄마가 숙소에서 쉬고 있는 아빠에게 전화를 했다. 통화가 끝난 뒤 엄마는 환하게 웃으며

"지호야, 아빠랑 여기서 하룻밤 더 자기로 했어. 더 놀아도 돼."

오후에 우리 가족은 모두 수영복으로 갈아입고 다시 바닷가로 나왔다. 파도가 아빠 키보다 더 컸다. 튜브를 타고 파도를 타니 더 신났다. '얏호!' 내 마음도 두둥실 뜬다.

(김지호, 3학년)

여행이라는 글감을 써서 여러 날 쓴 일기를 모아 글 한 편을 완성했군요. 이 글처럼 날마다 쓰지는 않았더라도 글감이 같으면 이야기가 자연스럽게 이어진답니다. 예를 들어 아빠나 엄마, 동생 또는 우리 가족을 뭉뚱그려서 글감으로 한다면 이야깃거리가 넘쳐나겠지요.

시간 순서에 따라 잘 나타낸 글을 읽다 보면 얼마나 신나고 즐거운 여행인지도 알 수 있었어요. 짧고 간결하게 잘 정리한 글, 칭찬합니다. 모든 걸 다 기록할 필요는 없답니다.

코로나19를 주제로 쓴 생활문

올여름은 빵점이다!!

'주룩주룩' '쏴! 쏴!'

비가 하염없이 내린다. 매미가 맴맴 울고 하늘은 맑고 파래야 할 여름이 긴 장마와 코로나19로 엉망진창이다. 나는 여름 방학에 자전거도 타고 시원한 팥빙수 집도 가고 싶었다. 여행도 가서 잘 때는 풀벌레가 노래하는 것을 들으며 자유롭고 신나게 보내려고 했다. 하지만 밖에 나갈 수조차 없어서 '하하 호호' 신나는 여름 방학이 엉망이 됐다.

심지어 마스크까지 써야 한다. 얼마나 답답하고 어지럽고 싫증 나는지 모르겠다. 코로나19로 친구도 많이 못 사귀었다. 너무 변해 버린 학교 생활, 집에 있으니 틈만 나면 꾹꾹 이리저리 TV 채널을 돌리다가 엄마 눈과 마주친 적이 많다. '지유야, 이젠 그만 봐야지?'라고 말하는 눈빛이다.

엄마한테는 얘기 안 했지만 처음에는 학교에 안 가서 좋다는 생각도 들었다. 온라인 숙제만 하면 늘어지도록 늦잠도 잘 수 있고 내 마음대로 할 수 있는 시간이 많을 테니까. 그런데 이제는 시끌시끌하고 바쁘게 움직이는 학교 생활이 그립다.

오늘도 '후드득!' 빗소리 때문에 일어나는 하루, 턱을 괴고 비 오는 창밖을 바라보는 하루, 마스크를 쓰지 않으면 밖으로 나갈 수도 없는 하루, 내 손에서 손 소독제 냄새가 풀풀 나는 하루, 심심해서 군것질에만 자꾸 손이 가는 하루가 지겹고 힘들다. 예전 여름에는 모기에도 많이 물리고 놀다가 땀범벅이 돼도 코로나19가 없었다. 이렇게 긴 장마도 없었다.

'아, 언제쯤 마음껏 돌아다닐 수 있을까?'

코로나19가 생기기 전 지냈던 날이 그립고 고맙다. 다행히 올여름은 비가 많이 오긴 했지만 나름 시원하기도 했다. 코로나19는 우리가 손도 잘 씻고 마스크도 잘 쓰고 다니면 금방 물러날 것이라고 믿는다. 올여름은 빵점이지만 내년은 여행 갈 수 있는 여름 방학, 긴 장마가 없는 여름, 친구들과 마스크 없이 놀 수 있는 여름이 됐으면 좋겠다. 기운 내자. 내년 여름은 백 점을 맞으면 되니까. 파이팅!

(이지유, 3학년)

🔍 글의 특징을 살펴보아요.

　와, 가슴에 딱 와 닿는 제목의 글입니다 제목을 소리 내어 읽으면 속이 시원하다고 느껴지지 않나요? 방학이 되었는데 가고 싶은 곳도 못 가고, 비만 오고, 정말 "여름아, 넌 빵점이야!"라고 소리치고 싶은 심정이지요.
　주룩주룩, 쏴쏴, 맴맴, 후드득, 시끌시끌 같은 낱말들을 써서 느낌이 더 생생합니다. 자연에서 들려오는 소리를 하나도 놓치지 않고 잘 나타내었어요.
　뛰어난 묘사가 돋보인 '내 손에서 손 소독제 냄새가 풀풀 나는 하루', '하하 호호' 신나는 여름 방학이 엉망이 됐다.'에는 박수를 보냅니다.
　제목과 대비되는 말로 내년 여름을 기대한다고 표현한 '올여름은 빵점이지만' → '내년 여름은 백 점을 맞으면 되니까.'로 글을 마무리한 솜씨도 훌륭합니다.

제목에 생각이 잘 드러난 일기

몸으로 말해요

"와, 귀엽다!"
"그렇지? 앉아 있는 모습 좀 봐!"
　은기네 집에 갈 때 가장 기분이 좋은 건 '아궁이'를 볼 때다. 아궁이는 은기가 키우는 고양이다. 연한 갈색 털이 멋진데 우리를 만나면 벌러덩 누우며 반긴다. 나를 쳐다보는 초록 눈빛을 보고 있으면 아궁이가 말을 건네는 것 같다. 그래서 우리는 모두 아궁이를 예뻐한다.

　간식을 먹고 '몸으로 말해요'라는 놀이를 했다. 먼저 마음속으로 각자 직업을 정했다. 나는 아나운서를 골랐다. 소율이가 피아노 치는 흉내를 냈다. 은기와 내가 동시에 "피아니스트!" 하고 말했다. 모두 1점을 받았다. 은기가 할 차례가 되자 우리는 더 집중했다. 은기가 손가락으로 뭘 가리키며 웃었다. 아무도 답을 찾을 수가 없었다. 답은 '먼지'였다. 소율이와 내가 "에이~ 그게 뭐야?"라고 말하며 크게 웃었다. 말이 안 되고 엉뚱한 것도 재밌다.

　이번엔 내 차례다. 테이블 앞에 앉아 말하는 자세를 취하자 친구가 "앵커"라고 소리쳤다. "땡! 아나운서야." 틀렸다는 내 대답에 친구는 "에이, 그것도 몰라? 둘은 같은 말이야." 하고 우겼다. 순간 모르는 게 많은 내가 창피했다. 우리 목소리를 들었는지 은기 엄마께서 "아나운서는 뉴스 진행과 MC 역할을 주로 맡고, 앵커는 프로그램을 진행하는 사람이라고 보면 돼. 기자와 아나운서, 기상 캐스터 등이 앵커 역할을 한단다."라고 설명해 주시고 '그렇게 놀면서 하나씩 배우는 거야'라며 웃으셨다.

　놀이가 끝나고 거실에 나와 다시 아궁이와 놀았다. 평소보다 사람이 많아지니 아궁이가 눈을 더 멀뚱멀뚱 뜨고 살폈다. 우리는 번갈아 아궁이를 안아 봤다. 부드러운 털이 몸을 간질이는 것 같아 기분이 좋았다. 고양이를 처음 안는다는 소율이가 '느낌이 이상하다'며 "꺄악!" 하고 소리를 지르자 아궁이가 놀라 책상 밑으로 들어갔다. 나는 좋아하는 간식을 주며 아궁이의 혀를 촉감으로 느꼈다. 마치 구름 카펫 같았다. 은기가 "미야옹"이라고 소리 내자 "미야옹" 하고 귀여운 소리로 답하는 아궁이의 매력은 끝이 없다.

　오늘 몸으로 말해요 놀이를 하다 보니 우리가 몸으로 표현하는 것이 많다는 것을 알았다. 아궁이는 말은 못 해도 몸짓이나 소리로 우리와 놀아 준다. 몸으로 말할 수 있는 것은 참 많다. 엄마는 내 표정만 보고도 내 기분을 알고 나는 언니의 눈빛만 봐도 내게 화를 내는 걸 안다. 앞으로 몸으로 하는 행동도 말이라고 생각하고 더 신중하게 해야겠다.

(이현주, 3학년)

 글의 특징을 살펴보아요.

　관찰력이 뛰어나고 글감이 새롭습니다. 친구가 기르는 고양이를 남다른 생각으로 펼친 글이 재미있게 읽힙니다. 놀이를 하면서 많은 것을 깨닫는 글쓴이의 세밀한 표현에, 읽는 이도 함께 고양이의 부드러운 털을 쓰다듬는 것 같아요.

　고양이가 친구들을 만나면 벌러덩 누워 반기고, 사람이 많아지니 눈을 더 멀뚱멀뚱 뜨고 살펴보는 것을 '고양이도 표정과 몸짓으로 말한다.'고 새로운 발견을 했네요. 행동을 말이라고 생각하는 표현이 놀랍습니다.

고양이나 어린아이도 눈치로 알아듣고 행동하지만, 몸으로 하는 행동을 말이라고 또렷하게 정리했어요. 문장 표현도 뛰어났어요.

'초록 눈빛을 보고 있으면 말을 건네는 것 같다', '혀를 촉감으로 느꼈다. 마치 구름 카펫 같았다'라는 대목은 매력 만점!

나의 꿈을 펼쳐보는 일기

별이 된다면

"앗! 내가 별이 된 게 아니에요? 나는 죽어서 밝게 빛나는 별이 되고 싶었거든요."

내 꿈은 천문학자입니다. 풀리지 않는 우주의 행성, 은하, 별이 신기하기만 하거든요. 천문학자는 우주를 통틀어서 관찰하고 연구한대요. 밤하늘의 별을 보면 그 속으로 내가 빠져드는 것 같아요.

그런데 우주는 일상생활에서도 접할 수 있어요. 윤동주 시인의 「별 헤는 밤」, 반 고흐의 〈별이 빛나는 밤〉, 방탄소년단의 〈소우주〉 등 많은 데서 접할 수 있거든요.

널리 알려진 생텍쥐페리의 『어린 왕자』에서도 우주의 신비를 담았어요. 어린 왕자는 소행성 B612에 살고, 소행성은 아주 작아 하루에 석양을 46번이나 볼 수 있다고 해요. 이건 상상을 바탕으로 한 창작 동화이지요. 하지만 머나먼 우주엔 우리가 모르는 이런 소행성이 수없이 많대요. 그래서 나는 우주가 좋아요. 무한대로 상상할 수 있기 때문이지요.

우주의 아주 작은 별은 우리가 찾아낼 수도 없지만 그런 별이 모이고 또 모이면 예쁘고 아름다운 은하수가 된답니다. 이처럼 나도 작은 별이 되어 은하수로 흐른다면 정말 환상적이지 않은가요.

아직까지 우주는 풀리지 않은 미스터리라고 말해요. 하지만 세월이 지나면 우주에 대해 우리는 더 많은 것을 알아내겠지요. 나는 그 무한한 신비를 더 알고 싶어 천문학자가 되고 싶어요.

그렇게 관심을 가지고 더 공부하고 또 연구하다 보면 우주는 더 가까워지겠지요. 정말이지 언젠가는 나도 신비로운 별 중 하나가 되어 환상의 우주를 헤엄치고 싶답니다. 수업 시간에 들었는데 어떤 시인은 '나뭇잎도 우주의 하나'라고 했대요. 나뭇잎이 어깨에 내려앉은 것을 보고 '우주가 손을 얹었다.'라고 해서 처음에는 '무슨 말이지?' 이해를 못 했는데 곰곰이 생각해 보니 모든 게 다 별이고 우주인 것 같았어요.
"나도 빛나는 별이 되고 싶어요."

(김기은, 5학년)

'읽는 내내 콧노래가 절로 나올 정도였다.'는 평을 들은 싱싱하고 살아 있는 글입니다. 밝고 풋풋하게 이야기를 잘 풀어내었어요. 별에 관한 것이라면 시, 그림, 가요에 이르기까지 훤한 지은이는 무엇이든지 관심을 갖고 나름대로 지식과 느낌을 쌓아 가는 태도가 훌륭해요.

글을 억지로 쓴 느낌이 들지 않는다는 건 나만의 생각이 담긴 글이기 때문입니다. 내 생각을 다양한 시각에서 풀어내려면 역시 많이 읽고, 많이 생각하고, 많이 써야겠지요. 여러분도 무엇이든 다르게 보기도 하고 생각을 비틀어 보세요. 새로운 얘기가 쏙쏙 솟아난답니다.

선생님이 일기를 쓰기 전, 꼭 알아 두어야 할 약속 몇 가지 소개할게요. 매일 한 쪽지씩만 익혀 보세요. 일기 쓰기가 훨씬 쉬워지고 재미있을 거예요.

글쓰기 사고력을 키우기

- 고정된 틀이 없다. 자유롭게 말하듯 자유롭게 표현하라.
- 처음 어떤 말을 사용하느냐에 따라 열리는 '생각의 문'이 달라진다.
- 생각 그물을 짜면 말하고 싶은 것을 조리 있게 쓸 수 있다.
- 언어의 마법에 취하라.
- 머릿속에서 탄생하는 많은 생각들을 순간 포착하라.
- 천 개의 눈을 가지고 바라보라.

지금까지 일기에 대해서 설명해 준 얘기 잘 들었지요? 내가 하기에는 어려워 보인다고요? 천만에요! 조금도 걱정하지 말아요. 1학년 어린이들은 3개월 전에는 일기라는 걸 제대로, 혹은 한 번도 써 본 적이 없는 아이들이었거든요.

이 친구들이 공부한 모습을 떠올리며, 일기장을 펼쳐 보세요. 그리고 떠오르는 생각을 그냥 말해요. 느낌을 글로 써요. 틀리면 어쩌나, 못하면 어쩌나, 그런 걱정은 조금도 하지 마세요. 내 친구 일기장은 나의 모습 그대로를 좋아한답니다. 한 걸음씩 배우고 자라는 모습, 서투른 그 모습을 자랑스러워한답니다.

6 일기 쓰기, 10일간 프로젝트

일기장은 나의 역사입니다. 그러므로 일기장 관리는 준비부터 정성껏 해야 합니다.
- 고정된 틀이 있어 기입할 난이 많은 일기장은 피하는 것이 좋습니다.
- 글씨를 깨끗이 쓰고, 다 쓴 일기는 묶어서 보관합니다.
- 외래어를 남용하지 않고,
- 은어를 함부로 사용하지 않습니다. (예 아버지-꼰대 X, 남아공-남아서 공부나 해)

일기의 소재 찾기(무엇을 쓸까?)
- 생활 주변에서 일어나는 일
- 신문, 방송을 통하여
- 책을 읽고
- 신기하고 궁금한 이야기
- 식구들, 친구들, 선생님 이야기
- 누구에게나 들려 주고 싶은 이야기
- 꼭꼭 감추고 싶은 이야기
- 억울하고, 답답하고, 속상하고, 쓸쓸한 이야기 등을 씁니다.

일기의 주제로 오늘 하루 중 가장 인상 깊은 일을 생각해 봅니다.
- 마음에 깊이 새겨지는 일이나 생각, 크게 놀란 일, 기쁜 일, 슬픈 일, 재미있었던 일, 꼭 기억하고 싶은 일이나 사건 등
- 일기 쓰는 시간 → 학교 다녀온 후, 혹은 사건이 있은 직후 (꼭 자기 전에 쓰지 않도록)

제목을 정할 때, 생각해 봅시다.
- 주제를 살릴 수 있는 제목 : 제목만 보아도 무엇을 얘기하는지 알아볼 수 있게.
- 상징적인 말을 찾아본다. (코로나19로 인한 글을 쓸 때 제목의 예)
  → '올여름은 빵점이다' '목련나무도 마스크를 썼다' '마스크는 힘이 세다' '거리마다 마스크' '마스크 꽁꽁, 손 씻기 싹싹' '세뱃돈을 모바일로' '영상으로 세배를' '코로나19, 이젠 안녕')

날씨는 이렇게 표현해 봅시다.(날씨 묘사)
- 처음 일기를 쓸 때에는 ☀ ☁ ☂ ☃ ☈로 시작하는 것도 좋다.
- 햇빛 쨍쨍. 땀 줄줄. 털장갑이 몹시 그리웠다. 우산 없어 비 맞음.
- 비 조금. 비바람에 나뭇잎 많이 떨어짐. 바람에 날아갈 뻔. 황사로 KF94마스크.
- 무더위에 찬물만. 비 오고 춥다. 눈 쌓여 나뭇가지 휘청.

제목은 첫째 줄 중간에 씁니다.
- 첫 문장 시작에 '나는', '오늘은'이라는 말을 쓰지 않습니다.
- 첫 문장이 시작될 때와 문단이 시작될 때는 첫째 칸을 띄우고 씁니다.
  (문단 - 내용상 문장을 다시 시작하는 곳. 하나의 생각을 효과적이고 명확하게 전달)
- 따옴표를 쓸 때는 끝날 때까지는 첫째 칸을 띄우고 씁니다.

문장 부호를 잘 나타냅니다.
- 소리나 생각, 인용하는 말은 ' '(작은따옴표) 안에 씁니다. '따르릉 따르릉'
- 소리 내어 하는 말(대화 글)은 " "(큰따옴표) 안에 씁니다.
- 말을 쉴 때나 이름을 부를 때는 ,(쉼표)를 찍습니다.
  → 말을 쉼으로써 글의 이해를 간결하게 합니다.

- 문장이 끝났을 때는 .(마침표)를 찍습니다.
- 글씨를 정성껏 쓰고, 띄어쓰기를 합니다. 글씨는 마음을 나타낸답니다.

그림 그리듯이 쓰기
- 구체적으로 묘사

  예) 통학로에 있는 쥐똥나무를 전기톱으로 다듬고 있다. 덥수룩한 잎사귀들이 가지런히 잘려지고 있는데, 나무가 바짝 긴장하는 것처럼 보였다. 미용실에 앉아 전기면도기로 이발하는 내 모습 같다.

- 인상 깊은 장면을 특징을 살려 표현하기(그림일기에서 그림은 장면을 떠오르게 하고, 생각을 읽을 수 있도록 그립니다. 일기 쓰기에서도 특징적 장면을 삽화로 그려 넣기)

책을 읽고 느낀 점을 일기로 쓸 때
- 오늘 읽은 책이 하루 일과 중 중요한 부분으로 마음속에 남아 있다면 일기에 표현할 수 있습니다.(책을 읽게 된 동기, 내 생활과 비교되는 일 등)
- 책의 내용 중 가장 인상 깊게 떠오르는 장면을 씁니다.
- 주인공에게 하고 싶은 말을 써 봅니다.

엄마, 내 일기장 이렇게 봐 주세요
- 도움말을 써 주시면 제가 힘을 얻어요.
- 특이한 문장, 공감이 가는 부분, 잘 된 표현, 궁금한 부분은 물어 주세요. 칭찬해 주세요.
- 고운 말로 내 마음도 가다듬고 싶어요. 혹시 거친 말을 썼으면 살짝, 귀띔해 주세요.
- 띄어쓰기나 문장이 틀렸더라도 이해해 주세요. 지금은 제 마음만 읽어 주세요.

 위의 10가지 항목을 매일 한 가지씩 실천해 보아요.

제5장
동시야, 놀~자!

1 동시 짓기, 시작은 이렇게

이번에는 동시에 대해 알아볼까요.
 동시란 어린이의 감정을 담아 어린이가 이해할 수 있는 말로 쓴 시, 즉 운율이 있는 글입니다. 동시는 어린이가 생각한 것이나 다양하게 느낀 감정들을 짧게 표현하지요. 시는 생각과 느낌을 겉으로 모두 드러내지 아니하고 속에 간직한 글입니다. 그래서 글은 짧지만 많은 뜻을 담고 있답니다.
 선생님이 시 쓰기를 좋아하는 것처럼, 여러분도 동시 쓰기를 좋아했으면 좋겠어요.
 어렵다고요? 어떻게 하는지 모르겠다고요? 걱정하지 마세요. 선생님이 하는 얘기 잘 들어 보고, 그대로만 따라서 해 보아요.
 그럼, 써 놓은 일기장에서 글감을 찾아볼까요. 먼저 다음 어린이의 일기부터 읽어 봅시다.

7월 11일 맑음

하늘의 구름을 보며

내 방 창문을 통해 하늘을 보았다. 구름이 보인다.
근데 내 방이 타임머신 같다. 구름이 이순신과 장보고, 김유신 장군으로 보인다.
지금은 일본과 친하지만 옛날에 일본과 싸우는 것같이 보인다.
나폴레옹이 말을 타고 이야! 이야! 하는 것처럼 내 눈에는 보인다.
그래서 '엄마' 하고 불렀다.
엄마는 보이냐고 하니까 안 보인다고 말씀하셨다.
엄마는 나에게 '우리 규민이 상상이 매우 기발하다'고 칭찬하셨다.
하늘의 구름이 세종 대왕님이 의자에 앉아 있는 것처럼 보이기도 하고
광개토 대왕님이 고구려 시대 때의 말을 타고 달리는 것같이 보인다.
엄마께서 자꾸 막 그러신다.
'어떻게 규민이 눈에는 보이는지……'
나는 풍부한 상상력을 가지고 있는 것 같다.

참, 재미있는 글이지요. 정말 상상력이 풍부하고 명쾌한 글이군요. 보고 생각한 것을 꾸밈없이 썼기 때문에 더 재미있고 생동감이 있네요. '엄마께서 자꾸 막 그러신다.'라는 글에서 엄마의 감동이 눈에 보이는 것 같지요? 이 글을 동시로 옮겨 놓았대요. 감상해 볼까요.

구름을 보며

내 방 창문을 통해 하늘을 보았다.
구름이 보인다
내 방이 타임머신 같다

저 구름은 이순신, 저 구름은 장보고↓

↑ 싸움터에 있는 장군들이 보인다
나폴레옹도 말을 타고 이야! 이야! 달린다

"엄마" 하고 불렀다
엄마는 안 보인다고 하셨다

세종 대왕님이 의자에 앉아 있는 구름
광개토 대왕님이 말을 타고 달리는 구름

엄마는 호호 웃으시며
어떻게 규민이 눈에만 보이지?

    우선 칭찬부터 할게요. '구름을 보며'로 제목을 정한 것은 아주 잘했어요. '하늘을'은 생략해도 충분히 하늘의 구름을 생각할 수 있겠지요.
    '근데' '그래서'란 말을 넣지 않고도 생각이 충분히 나타내었네요. 또 '엄마는 안 보인다고 하셨다.'라고 설명하는 글도 말을 잘 줄였군요.
    그러나 다시 한번 소리 내어 읽어 볼까요. 또 다듬을 곳이 눈에 띄나요? 말이 겹치는 부분은 지우도록 해 봐요. '내 방'은 뒤에 또 나오니까 지워야겠지요. '저 구름은' 반복 사용해도 가리키는 곳이 다르니까 그냥 두기로 해요.
    '엄마는 안 보인다고 했다.'는 '어떻게 규민이 눈에만 보이지?'란 말이 엄마는 보이지 않는다는 뜻이므로 지워도 되겠지요. 이 말은 상상력이 풍부하다는 뜻도 가지고 있지요. 이제 말을 자연스럽게 이어 보아요. 그리고 다시 한번 다듬은 동시를 살펴볼까요.

구름을 보며

창문을 통해 구름이 보인다.
내 방은 타임머신

싸움터에 있는 장군들이 보인다
저 구름은 이순신, 저 구름은 장보고,
나폴레옹도 말을 타고 이야! 이야! 달린다

엄마는 호호 웃으시며
"어떻게 너의 눈에만 보이지?"

세종 대왕님이 의자에 앉아 있는 구름
광개토 대왕님이 말을 타고 달리는 구름

어때요? 느낌은 같지만 아까보다는 말이 줄어 있지요. 12행에서 9행으로 줄었네요. 동시는 억지로 꾸며 쓰면, 시의 참맛이 없답니다. 우리가 생활하는 가운데에서 글감을 발견하는 게 좋아요. 그래야 감동을 느낄 수 있지요. 위에 소개한 글을 쓴 친구처럼, 보고 상상한 그대로 쓴 일기에서도 이렇게 재미있는 동시 한 편이 탄생하는 거랍니다.

여러분도 모두 시인이 될 수 있어요. 한 번 귀를 기울여 보세요. 고양이 우는 소리에도, 굴러가는 돌멩이에게도, 지나가는 바람에게도 말이 있답니다.

동시는 우리의 마음을 살찌게 해요. 꿈과 슬기를 주고, 마음을 풍요롭게 하지요. 자, 이제는 우리 친구들도 느낌이 올 때는 즉시 글로 옮겨 적어 볼 수 있겠지요?

서투르다고 걱정하지 말아요. 처음부터 완성도가 높은 글이 아니어도 좋아요. 훌륭한 시는 그렇게 한 발자국씩 옮겨져 탄생하는 거랍니다.

2 동시, 이것만은 꼭 알아 두자

나만의 경험을 쓴다
다 같이 겪은 일은 피해야 해요. 그러나 다 같이 겪은 일이라도 나만의 글로 쓸 수 있으면 좋은 방법이지요.

알맞은 말로 짧게 줄여서 쓴다
시가 되는 말이 따로 있는 것은 아니지만 짧으면서도 깊은 감동을 담아야 하기 때문에 가장 적당한 말을 찾아 써야 해요.

시는 산문(생활문이나 일기 등)과 다르므로 짧은 글 속에 많은 뜻이 있어야 하지요. 다시 말해서, 보통의 글에서는 어떤 일이나 생각을 자세히 친절하게 풀어 쓰지만 시에서는 꼭 필요한 말만 골라서, 긴 얘기를 짧게 쓴답니다.

행과 연을 나누어 쓴다
같은 말이라도 행을 바꾸거나 말의 순서를 바꾸면 그 느낌이 달라져요. 마치 몸은 같지만 새로 디자인한 옷을 입은 것처럼 그 느낌도 다르답니다. 행과 연을 바꾸어 내 느낌이나 생각을 멋지게 꾸며 보아요. 잘 짜인 행과 연은 읽는 사람에게 깊은 감동과 리듬감을 맛볼 수 있게 해 주지요

사물을 사람처럼 표현한다
나무나 동물, 연필과 지우개도 사람이 말하고 행동하는 것처럼 표현해 보세요. 훨씬 글이 살아 있고 감정을 잘 전달할 수 있답니다.

눈 위를 가면
발자국이 따라와요
내가 길을 잃을까 봐
졸졸 따라와요.

선생님은 이 글을 읽고, 발자국이 내가 길을 잃을까 봐 걱정하는 오빠나 언니처럼 느껴졌어요. 발자국이 어떻게 내가 길을 잃을까 봐 걱정을 하겠어요? 그렇지만 걱정이 되어 따라오는 것처럼 생각하는 거지요.

사람이 아닌데도 사람인 것처럼 표현하는 것을 '의인화'한다고 해요. 새로운 말 하나 배웠네요! '의인화'를 잘 기억해 두세요. 이제는 동시가 무엇인지 알 수 있겠지요?

3 시 낭송으로 표현법 익히기

아이들이 뭘 저렇게 외우고 있네요. 웅얼, 웅얼.

흠, 다른 사람의 동시를 암송하고 감상하는 중이군요.

좋은 생각입니다. 시와 사귀려면 좋은 시부터 소리 내어 읽어 보아요. 또한 좋은 시를 읽으면 시에 대한 이해와 감각을 넓힐 수 있지요. 신경림 시인께서는 "시로는 돈과 쌀을 만들지 못하지만 사람을 즐겁게 만들고, 행복하게 만들고, 사람답게 만든다."라고 하셨답니다.

그래서 우리 반 아이들은 '꼬마 시인장'을 타기 위해, 요즈음 시 읽기에 빠져 있었지요. '꼬마 시인장'은 좋은 시를 10편 이상 암송하고, 동시를 10편 이상 지으면 주는 상이에요. 예비 시인이 되고 싶어서 아이들은 모두 열심히 시를 읽고 써 보았지요.

외운 동시를 친구들 앞에서 낭송을 하는데, 우와! 선생님도 깜짝 놀랐어요. 모두 좋은 시를 골라 와서 낭송하네요. 생각해 보아요. 한 사람이 1편씩이면 30편을 들을 수 있는 거예요. 한 사람이 10편씩이면 300편의 동시를 듣게 되는 거지요. 대단하지 않아요?

친구가 재미있는 동시를 낭송할 때는 모두 까르르 웃었지요. 어때요? 여러분은 집에서 가족 앞에서 한번 도전해 보세요.

거짓말 속에는

문삼석

거짓말 속에는
벌레가 들었나 봐
귓속으로 들어가
웅웅 울어대고,
귀 밑에 달라붙어
갉작갉작 긁어대고…….
잡을 수도 없는
거짓말 벌레
정말 싫다,
거짓말 벌레.

목청껏 낭송하는 친구의 진지한 표정도 아주 재미있었어요. 마치, 자기가 거짓말 벌레를 잡아서 "이놈, 거짓말 벌레야! 내 곁에서 떨어져!" 하고 소리치는 것 같았지요.

다음에는 다른 친구가 앞으로 나와 짧은 동시를 외우네요.

다람쥐

박두순

고맙습니다
고맙습니다

조그만
도토리도

두 손으로
받쳐 들고 먹지요

"어? 벌써 끝났어?"

"응, 이게 다야."

"아하, 짧은 말 속에도 깊은 뜻이 있구나!"

"작은 도토리를 감사하게 먹는 다람쥐가 떠오르네!"

아이들은 그 짧은 동시를 가지고 또 얘기를 주고받았지요.

"쓸데없이 말이 길면 설명이 되어 버릴 수도 있대."

"그렇다고 말을 중간에서 끊어 버리면 안 돼."

정말, 시 낭송을 하면서도 아이들은 많은 것을 눈치채네요. 그래서 선생님은 우리 반 친구들을 영리한 다람쥐들이라고 늘 칭찬하지요!

10편의 시를 낭송한 아이들이 하나둘씩 나타날 즈음, 선생님이 물어보았어요.

"좋은 동시를 읽으면 어떤 점을 배울까요?

"생각주머니가 늘어나요."

"다른 사람의 경험을 함께 느낄 수 있어요."

"새로운 것을 관찰하게 돼요."

"표현하는 방법을 저절로 배우게 돼요."

"시를 쉽게 이해할 수 있어요."

"감동을 더 크게 가질 수 있어요."

우리 반 친구들은 다람쥐처럼 재미있고 좋은 동시들을 한 톨, 한 톨 모아 왔지요. 약속한 10편을 넘기고도 계속 동시의 세상으로 빠져들었답니다. 그리고 이렇게 꼬마 시인장을 만들어 칭찬했어요.

꼬마 시인 ○○○
이 어린이는 즐겁게 동시를 암송하고
동시 쓰기에 적극 참여하여
목표를 이루었으므로 꼬마 시인으로 임명합니다.

202×년 ×월 ×일　엄마 ○○○

> **꼬마 시인장**
>
> - 목표를 정한다. → 암송 10편, 동시 쓰기 10편(개인에 따라 증감함)
> - 교과서나 동시집에서 시를 골라 암송한다.
> - 자유롭게 써 보거나 일기의 소재를 동시로 옮겨 본다.
> - 목표에 도달하면 꼬마 시인 명패를 만들거나 시인 증서를 준다.
>   (선생님, 부모님, 친구가 만들어 주면 좋음.)

여러분은 동시를 읽다가 노랫가락 같다고 느낀 적은 없었나요? 시를 소리 내어 읽어 보아요. 리듬이 느껴지면 그게 운율이지요. 말의 리듬!

자, 동시를 소리 내어 읽어 볼까요. 저절로 흘러나오는 콧노래 같은 것이 들릴 거예요. 시 속에는 저마다 다른 음악들이 들어 있어서 소리 내어 시를 읽다 보면, 어느새 고운 노래가 되지요. 시를 쓴 사람과 시를 읽는 사람이 함께 부르는 노래가 된답니다.

동시는 가장 적은 말로 큰 뜻을 말하기 때문에, 찬찬히 생각하면서 읽어야 시의 재미를 맛볼 수 있어요. 이제부터 교과서에 나오는 동시들도 찬찬히 읽어 보겠다고 꼭 약속해요. 선생님은 욕심쟁이거든요! 여러분들 모두 동시를 좋아해 줬으면 좋겠어요. 친구가 되어 주면 좋겠어요.

먼저, 내가 쓴 일기 중에서 동시가 될 수 있는 일기를 골라 봐요. 감동이 많이 묻어 있는 일기가 동시로 바꾸어 쓰기 좋아요. 생각과 느낌이 많이 들어 있답니다.

4 좋아하는 동시 패러디해 보기

동시 쓰기를 익힐 수 있는 방법은 여러 가지가 있지만, 그중 한 가지 방법을 더 알려 줄게요. 바로 동시집이나 교과서를 보고 익히는 거지요. 교과서에는 좋은 동시가 참 많아요. 그 동시를 패러디해 보세요. 쉽게 말해서 말만 바꾸어서 글을 써 보는 거예요. 동시의 재미를 색다르게 느낄 수 있지요.

동시를 패러디할 때는 먼저 대상을 잘 분석해 보아요. 내가 패러디한 작품은 대상이 된 작품과는 새로운 의미가 된답니다.

친구들이 패러디한 동시들

다람다람 다람쥐

다람다람 다람쥐,
알밤 줍는 다람쥐.

보름보름 달밤에
알밤 줍는 다람쥐.

알밤인가 하고
솔방울도 줍고,
알밤인가 하고
조약돌도 줍고.

(2-2학기 교과서 수록 동시)

깡충깡충 산토끼

깡충깡충 산토끼
소풍 가는 산토끼

푸른푸른 들판에
소풍 가는 산토끼

김밥인가 하고
토끼풀도 먹고
간식인가 하고
냉이꽃도 먹고

패러디

엄마 품

새는 새는 나무에 자고
쥐는 쥐는 구멍에 자고
돌에 붙은 굴 전복아
나무에 붙은 솔방울아
나는 나는 어디 잘꼬
우리 엄마 품에 자지

(전래 동요)

우리 집

옷은 옷은 옷장에 자고
신은 신은 신발장에 자고
책장에 꽂힌 책들아
찬장에 놓인 그릇들아
나는 나는 어디 잘꼬
우리 집 안방에서 자지

이현주(3학년) 패러디

어때요? 패러디도 재미있지요! 이제 자신 있다고 말하는 소리가 여기저기 들리네요. 다시 우리 친구들이 써 놓은 동시를 더 감상해 볼까요. 글을 쓴 친구의 마음을 생각하며 다음 글을 읽어 보세요.

5 우리들의 동시

독감

오하진

감기 걸린 오빠 방문에
'절대 문밖으로 나오지 말 것'
내가 써 붙였다

밥도 방 안에서 먹으라고
엄마가 넣어 준 저녁밥
쟁반 밥상은 괜히 미안해요

마스크 쓴 아빠도
식구 모두 걸리면 큰일이라고
후다닥, 오빠 방에서 나오고

어이쿠,
감기가 도망가겠다.
무서운 식구라고

매운 떡볶이

이지유

입안이 지글지글 활활
엄마가 만든
매운 떡볶이

콧물들이 앗, 불났다고
주르륵
코 밖으로 대피한다.

엄마의 속마음

공동 작품

엄마가 '그만 좀 먹어라' 하시면
음식이 아까워서가 아니다
내 몸에 해가 될까 봐서이다

엄마가 소리 '빽' 지르시면
엄마 괴성에 놀랄 일이 아니다
그동안 조용히 백 번은 더 얘기한 거다

엄마가 '꼴도 보기 싫다' 하는 말은
내가 보기 싫어서가 아니다
'제발 내 말 좀 들어' 하는 말이다

엄마가 '넌 대체 누구 닮았니'
하실 때는 내가 미워서가 아니다
내가 좀 더 좋은 습관을

가졌으면 하는 소원이다

엄마가 '에휴'
힘들다 하시면
정말 힘들어 쉬고 싶은 때이다

우리 엄마는 속말과
겉말이 정말 다르다

　재미있고 쉽게 술술 읽히는 글입니다! 이 글은 한 주제를 가지고 친구들과 말놀이를 하면서 쓴 동시랍니다. 서로 엄마의 속마음을 한 가지씩 살펴보다가 공동으로 엮어 보았는데 이렇게 좋은 얘기가 나왔군요. 공동 작시를 하면서 공부하는 것도 시 창작에 한걸음 다가가는 방법이겠지요. 도전을 칭찬합니다.

동시를 쓰면 좋은 점

- 모든 것을 새롭게 보는 안목을 길러 줘요.
- 아무리 작은 것도 그냥 보아 넘기지 않는 관찰력과 사고력이 생겨요.
- 상상력을 키워 줘요.
- 시에 담긴 아름다운 생각들이 우리의 마음을 맑고 깨끗하게 해요.
- 아름다운 말을 배우게 돼요.

제6장
신문아, 우리 친해지자

1 하루 한 가지씩 해 보아요! NIE 활동 30일 계획표

▶ 신문 스크랩 노트를 준비해요.
▶ 관련 기사나 사진을 찾아 오려요.
▶ 사실과 의견을 구별할 때는 빨간색 펜이나 파란색 펜으로 밑줄을 쳐요.

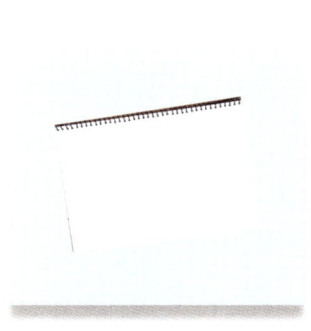

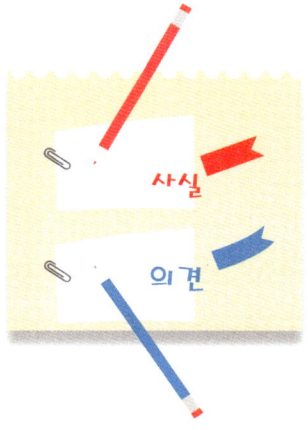

신문 활용을 위한 1일 주제

- ▶ 스케치북(8절)이나 NIE 공책을 준비합니다.
- ▶ 풀, 가위, 빨간색, 파란색 볼펜 또는 형광펜, 색연필도 준비합니다.
- ▶ 신문을 읽고 오늘 활동할 주제를 정해 활동한 후 스크랩합니다.
- ▶ 활동이 끝나면 확인란에 체크합니다.

번호	오늘의 활동 주제	확인
1	신문 기사 읽고 일기 쓰기	
2	사진을 활용해서 말풍선 채우기	
3	신문 기사 선물하기(예: 녹용 광고를 오려 몸이 아픈 할머니께 선물)	
4	기사 읽고 부모님이나 친구에게 설명하는 글로 바꾸어 쓰기	
5	사진을 활용해서 정보 찾기	
6	독자 투고 만들기, 신문에서 다양한 문장 찾기	
7	신문 기사 요약하기(육하원칙으로 요약)	
8	신문에 사진을 오려 붙이고 떠오르는 낱말 쓰기	
9	끝말잇기, 사자성어 찾기	
10	신문에 난 인물 사진을 활용한 역할놀이	
11	미담 기사 읽고 느낌 말하기	
12	신문 기사 읽고 정보 찾기	
13	어린이 신문 읽고 재미있는 표현 찾기	
14	기사의 중심 내용 정리하기	
15	신문 사설 읽고 내 의견 밝히기	
16	신문에서 흉내 내는 말 찾아 짧은 글 짓기	

17	신문 사진 활용하여 내 소개하기	
18	기사 읽고 원인과 결과 찾기	
19	신문에서 사진 두 개를 오려 공통점, 차이점 찾아 설명하는 글쓰기	
20	신문 사진에 어울리는 말 주머니 달기	
21	신문 칼럼을 읽고 글쓴이의 주장 알아내기	
22	의견과 주장 찾아 밑줄 긋기	
23	사설에서 주장과 근거 찾기	
24	신문 기사를 대화 글로 다시 쓰기	
25	신문 기사 읽고 퀴즈 출제하기	
26	기사 읽고 중심 문장, 뒷받침 문장 찾기	
27	사설 읽고 서론, 본론, 결론 문단 나누기	
28	신문 사진에 어울리는 속담 찾아보기	
29	신문에서 외래어 찾기, 겹받침 낱말 찾기	
30	시사 이슈로 토론 주제 정해 토론하기	

사고력을 키워 주고, 세상 보는 눈을 열어 주는 데는 신문만큼 좋은 교재가 없습니다. 신문과 친숙해지는 방법으로 여러 활동을 해 봅시다.

NIE 활동 프로그램의 예

'드라이브 스루' 대신 '승차 진료' 어때요

'드라이브 스루' 대신 '승차 진료'는 어떨까.

문화 체육 관광부와 국립 국어원은 최근 코로나 바이러스와 관련해 자주 사용하는 '드라이브 스루' 대신 '승차 진료' 또는 '승차 검진'을 제안했다. '드라이브 스루(drive through)'는 원래 차에 탄 채로 이용하는 상점·식당·은행 등의 시설을 지칭하는 말이다. 하지만 최근엔 코로나 의심 환자가 본인 차량에 탄 채로 확진 여부를 확인하기 위해 문진이나 검진을 받는 진료 방식을 뜻하는 말로 널리 쓰인다.

문체부와 국어원은 공공 언어를 알아듣기 쉽게 바꾸는 '쉬운 우리말 쓰기 사업'을 펼치고 있다. 코로나 사태와 관련된 용어 중에서도 '코호트 격리'는 '동일 집단 격리', '팬데믹'은 '감염병 세계적 유행', '에피데믹'은 '감염병 유행'으로 바꿔 쓸 것을 제안했다. '비말'을 대체할 우리말로는 '침방울', '진단 키트'는 '진단 도구(모음)'나 '진단 (도구) 꾸러미'를 선정했다.

『어린이조선』 2020.3.19

 위의 글을 쉽게 전달해 볼까요?

신문 기사를 대화 글로 다시 쓰기

'드라이브 스루' 대신 '승차 진료'는 어떨까

엄마 문화 체육 관광부와 국립 국어원이 최근 '드라이브 스루' 대신 '승차 진료' 또는 '승차 검진'을 제안했다는 걸 알고 있니?

나 사람들이 '드라이브 스루'가 무엇인지 어느 정도 알고 있지 않나요?

엄마 그래도 모르는 사람이 더 많을 거야. '승차 진료'라고 하면 될 것을 쯧쯧….

나   원래 차에 탄 채로 상점·식당·은행 등의 시설을 이용하는 걸 말하잖아요. 친구가 미국 맥도날드에서 '드라이브 스루'로 햄버거를 샀다는데요.

엄마   하지만 최근엔 코로나 의심 환자가 본인 차량에 탄 채로 확진 여부를 확인하려고 문진이나 검진을 받는 진료 방식을 뜻하는 말로 널리 쓰이잖아.

나   공공 언어를 알아듣기 쉽게 바꾸는 '쉬운 우리말 쓰기 사업' 대찬성!

엄마   문체부와 국어원이 더 적극적으로 펼치면 좋겠어.

나   코호트 격리 → 동일 집단 격리
     팬데믹 → 감염병 세계적 유행
     에피데믹 → '감염병 유행'으로 바꿔 쓸 것을 제안했대요.

엄마   할머닌 무슨 말인지 도통 모르겠다고. 휴~

나   '비말'을 대체할 우리말로는 '침방울', '진단 키트'는 '진단 (도구) 꾸러미'로 선정했대요.

엄마   그래, 가장 쉽게 바꾼 우리말 1위가 '비대면 서비스'야.

나   우와~ 언택트 서비스보다 훨씬 쉬워요!

(박진우, 6학년)

기사를 명확히 읽어 내고, 대화 글로 쉽게 전달해 준 글쓴이를 칭찬해요. 더구나 자신의 의견도 함께 표현한 것이 훌륭합니다.

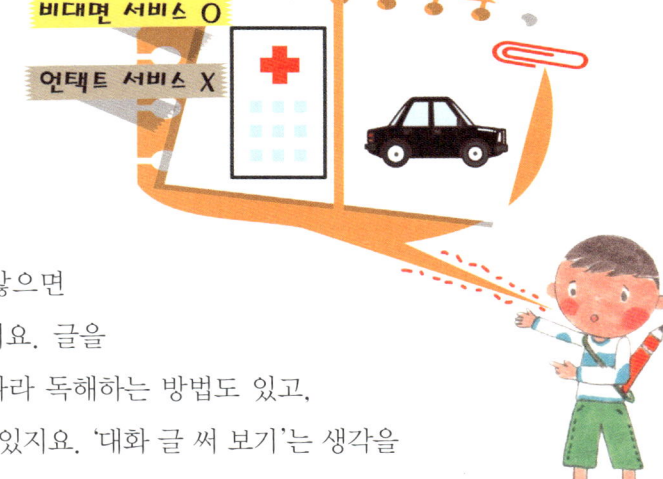

신문 기사는 차근차근 읽지 않으면 무슨 내용인지 다 모를 수도 있어요. 글을 선명하게 읽으려면 육하원칙에 따라 독해하는 방법도 있고, 이렇게 대화 글로 써 보는 방법도 있지요. '대화 글 써 보기'는 생각을 확장할 수 있습니다.

2 반갑다, 신문아!

신문이 반갑다고요? 어휴, 골치 아프게 저 많은 걸 어떻게 읽어요? 난 읽기 싫은데 엄마는 신문이 큰 공부라고 자꾸만 읽었나 안 읽었나 확인하고 또 확인하고. '으악! 누가 우리 엄마 좀 말려 주세요.'라고 소리치고 싶었대요. 이렇게 말하는 친구도 있네요. '엄마는 자기도 안 읽으면서 왜 나보고만 읽으라고 할까요?' 결국 엄마에게 항의를 했다고 불만을 털어놓는 친구.

"엄마, 이건 불공평하잖아요? 엄마도 안 읽으면서."
"그렇게 말하면 나도 할 말이 없지만 지금 너랑 함께 노력하고 있잖니."
"왜 싫은데 자꾸만 읽으라고 해요? 스트레스란 말이에요."
"네게 습관을 가르쳐 주고 싶은 거야. 내가 습관이 안 된 것이 후회되어서."
이렇게 옥신각신하였대요.
다음은 선생님이 '신문 박사'라고 칭찬해 준 어린이의 글이랍니다.

신문과 친해지고 싶은 친구야

내가 처음부터 재미있었냐고? 오우, 천만에! 나도 처음부터 잘하는 게 아니었어. 아마 너와 똑같은 과정이 있었지. 그런데 고비를 넘기니까 지금은 부끄럽게도 '신문 박사'라는 말을 듣고 있네. 내가 겪은 것을 단계별로 설명해 볼게.

호기심
- 엄마가 어린이 신문을 신청하고 읽어 보라고 하셨다.
- 흥미로운 소식도 보이고 재미있을 것 같았다.
- 내가 살짝 관심을 보이니 엄마는 좋아하셨다.
- 아주 잘 한 선택이며 '왜 여태 이걸 몰랐지?' 라고 생각했다.

부담
- 매일 읽어야 한다니까 힘들고 귀찮았다.
- 엄마가 확인하는 것은 더더욱 싫었다. 엄마가 감시자 같았다.
- 큰 숙제를 해야 하는 것처럼 부담이 되었다. 재미가 없다.

도전 응용	• 더구나 구석구석 읽는 것은 시간도 많이 걸리고 벅찼다. • 할 수 있는 것만큼만 하기로 했다. 큰 제목만 읽기 • 제목만 훑어본 후 그중 흥미 있는 것을 한 가지 정해 읽었다. • 관심이 가는 기사를 일기장에 느낌으로 썼다.
습관 형성	• 점차 읽는 기사의 수가 늘어남. 신문 한자에도 눈이 간다. • 자료가 큰 공부가 됨을 알고 스크랩을 시작했다. • 신문을 안 보면 궁금해졌다. 양치질처럼 습관이 된 듯하다. • 배경지식이 많아 시야가 넓어짐. 글쓰기 자료가 풍부하다. • 신문 보는 것이 친구의 얘기를 듣는 것처럼 편안하다.

누구나 맘만 먹으면 할 수 있다고 말하고 싶어. 엄마가 왜 습관을 들이게 하려고 애쓰셨는지 지금은 알 것 같아. 그리고 핸드폰을 보는 시간이 많이 줄어든 것도 큰 소득이야. 왜? 신문과 놀아야 하니까! 안녕~~

(김소민, 4학년)

신문을 읽고 쓴 학생 글 살펴보기

생각이 자란다

'천릿길도 한걸음부터'란 말이 있다. 아빠랑 신문도 같이 보고 함께 책도 읽고 얘기하자고 한 것이 어제 같은데 나는 마치 천릿길을 다 도착할 것 같은 자신감이 생겼다. 전에는 어려워 보였던 신문 보기와 책 읽기에 새로운 재미가 붙었기 때문이다. '신문 읽기로 자신감을!'

올해의 사자성어는 '아시타비'이다. 나는 옳고 남은 그르다는 뜻이다. '아시타비'는 '내로남불'을 사자성어로 바꾼 말이다. 처음엔 왜 뽑혔는지 몰랐는데 사람들이 자기 생각만 옳다고 생각해서 만든 말인 것 같다. '아사타비'를 해서는 안 되겠군!

사자성어를 활용하면 내 생각을 분명하게 나타낼 수 있고 뜻을 더 명확하게 나타낼 수 있다. 오늘 알게 된 사자성어는 '후안무치'인데 부끄러움을 모르는 두꺼운 낯가죽이란 뜻이다. 비슷한 말은 '철면피'로 쇠로 된 낯가죽이란 뜻도 있다. 사자성어를 잘 활용하면 좋은 문장을 만들 수 있고, 내 생각을 쉽게 드러낼 수 있다니 '사자성어 정복하자.'

　요즘 신문에서 인상 깊게 읽은 것은 '펭귄 효과'와 '에펠 탑 효과'이다. '펭귄 효과'의 뜻은 친구가 사면 나도 사고 싶다는 뜻이다. '펭귄 효과'는 펭귄의 습성을 비유한 것이다. 사냥감을 구해야 하는데 무서워서 못 들어갈 때 용감한 펭귄이 들어가면 펭귄이 모두 들어가는 것과 똑같다. '아 맞다! 친구가 재미있게 읽었다는 말에 나도 그 책을 샀었지.'

　'에펠 탑 효과'의 뜻은 싫던 것도 계속 보면 좋아진다는 뜻이다. 파리 사람들은 처음 철탑을 보았을 때 미적 감각이 없고 앙상해 보인다고 싫어했다. 그러나 지금은 파리에 없으면 안 될 랜드마크가 되었다. 보던 것도 계속 보면 달라져 보인다. '나도 에펠 탑처럼 볼수록 좋은 사람이 될 거야!'

　하루치 신문에서도 이렇게 배울 게 많다. 중간에 절대 포기하지 않을 것이다. 요즘은 내가 젤 힘들었던 띄어쓰기를 잘하려고 힘쓰고 있다, 글씨도 예뻐지고 띄어쓰기도 점점 느는 것이 보인다. 앞으로 책을 더 많이 읽고, 많이 써야겠다. 글 쓰는 것은 생각을 드러내며 자기를 돌아보는 일이다. 오늘의 다짐은,

　'신문 보기와 책 읽기를 하루도 빠뜨리지 말자!'

(정종윤, 4학년)

이 글의 특징을 살펴보아요.
- 신문을 꼼꼼히 읽고 내용 정리를 잘했어요.
- 속담을 인용하여 생각이 잘 드러나게 썼어요.
- 각 문단의 중심 문장을 쉽게 찾을 수 있어요.

신문을 읽고 뉴스 보도 형식으로 쓴 글

펭귄이 사라져요

시청자 여러분, 안녕하십니까. 일일 기자 채서윤입니다.

오늘은 조금 무거운 소식을 먼저 전해 드리겠습니다. 남극에 무서운 봄이 오고 있다고 하는데요. 사상 처음으로 남극 기온이 영상 20도를 넘어섰습니다. 이 일 때문에 많은 사람이 걱정하고 있는데요. 자세한 이야기는 환경 전문가 ○○○ 박사님께 들어 보겠습니다.

"박사님, 바쁘신데 나와 주셔서 감사합니다. 남극 평균 기온이 지금보다 약 3도 상승하면 무슨 현상이 일어나나요?"

"기온이 상승하면 더 많은 생명체가 살 수도 있지만, 펭귄같이 극한 환경에 적응한 동물은 멸종될 가능성이 있습니다."

"펭귄들이 무서움에 벌벌 떨고 있겠어요!"

"지난 150년간 지구 온도가 1도 상승했는데, 최근 50년 동안에는 3도가 올랐다고 합니다. 정말 무섭지요?"

"기온이 정말 빠른 속도로 올라가네요. 이유가 무엇인가요?"

"이상 고온 현상 때문입니다. 그것을 막아야 합니다."

"해결 방법이 있을까요?"

"온실가스 배출량을 줄여야 합니다. 온실가스는 승용차에서도 많이 발생하는데요. 자전거 같은 친환경 교통수단이나 대중교통을 이용하는 게 좋지요."

"자전거 전용 도로도 많이 만들어야겠군요."

"일회용품도 분해하는 데 시간이 걸리고 탄소를 많이 배출합니다. 여기서 나온 이산화탄소가 기후 변화의 원인이 되지요."

"그래서 비닐봉지 안 쓰는 날이 생겼군요."

"네. 비닐봉지 대신 장바구니를 사용하는 것도 환경 운동입니다."

"남극에서 턱끈펭귄 7만 쌍이 사라졌다고 하는데요. 어떻게 대처해야 할까요?"

"기후 변화로부터 회복력을 키우고, 동물이 적응할 수 있는 보호 구역을 지정하는 것도 방법입니다."

"박사님, 오늘 좋은 얘기 많이 해 주셔서 고맙습니다."

시청자 여러분도 잘 들으셨습니까. 온 국민이 이상 고온 현상 막기에 힘써 주시길 바라며 이상으로 뉴스를 마치겠습니다. 지금까지 기자 채서윤이었습니다.

(채서윤, 3학년)

🔍 말하고자 하는 것을 효과적으로 나타내었군요. 이상 고온의 심각성을 알리는 방법이 신선해요. 흔히 사용하는 주장하는 글쓰기 대신에 뉴스 보도 형식을 빌려 쓴 재치가 돋보여요. 기자가 된 글쓴이가 환경 전문가와 나누는 대화 글 속에 전달하고자 하는 생각을 다 담아낸 솜씨도 훌륭합니다.

주장하는 글을 이렇게 쓰면 몇 가지 좋은 점이 있답니다. 우선 생각이나 주장을 전문가 의견에 빗대 나타낼 수 있어요. 강한 주장도 읽는 사람에게 부드럽게 전달되지요. 이것은 자기 생각을 더 효과적으로 정확하게 전달하는 글쓰기 방법입니다. 나만의 방법으로 글을 써 보려는 시도에 박수를 보냅니다.

지금까지 신문을 활용한 글쓰기를 안내해 보았는데 우리 친구들, 이젠 글쓰기에 자신감이 생겼나요? 좀 더 알고 싶다고요? 그럼요! 다시 집중하여 2부에서 논술머리를 쑥쑥 키우도록 해요. 끝까지 따라가다 보면 어느 듯 나는 논술왕이 되어 있을 거예요.

"열려라, 논술!"

제2부
쑥쑥, 논술머리

제1장 논술머리는 어떻게 키우나요?

제2장 글쓰기 훈련과 12가지 조언

제3장 인용할 글은 어디에서 찾나요?

제4장 신문을 활용한 논술력 키우기

제5장 토론을 잘하는 방법

제6장 독서를 바탕으로 논증하는 글쓰기

제7장 새 교육 과정의 변화와 통합논술

제1장
논술머리는 어떻게 키우나요?

1 쉽게 접근하여 친구로 만들기

"아이가 일기 쓰기를 힘들어하니 어머니, 조금만 응원해 주세요."
"선생님, 집안 내력인가 봐요. 우리 집은 글을 잘 쓰는 사람이 없어요!"
가끔, 이런 말을 들을 때 혼자 고개를 가로젓습니다. "그렇지 않습니다."
'날 닮아서 글에는 소질이 없다.'는 부모님 말씀은 절대 사실이 아니랍니다.
여러분이 친한 친구와는 자주 만나고 소통하듯, 논술도 자주 접근하면서 친한 친구로 만들어 보아요. 어떻게 하냐고요? 백 번을 말해도 되풀이되는 말. "많이 읽고, 많이 생각하고, 많이 쓰기!" 논술머리는 이렇게 하면 단단히 자랍니다.

좋은 논술문을 쓰려면
- 마인드맵으로 생각을 열어요.
- 구체적으로 써요.
- 맞춤법, 띄어쓰기, 외래어 표기법에 유의해요.
- 일관성을 지켜요.
- 논술문의 개요를 꼭 작성해요.
- 우리말을 쉽게 써요.
- 격식체를 써요.(상대를 높이는 언어로)

논술머리 키우기

2 어떻게 주장해야 되나요?

논제 잡기
- 주제와 관련된 생각을 열어 본다.(생각 열기)
- 논제를 정한다.
- 논제에 대한 배경을 알아본다.(더 생각하기)
- 주장을 뒷받침하는 타당한 근거를 찾는다.(생각 다지기)

개요 작성
- 개요 작성은 설계도와 같은 것이다.
- 설계도가 잘못되면 집을 제대로 지을 수 없는 것과 같다.
- 주어진 시간의 50% 정도 활용해도 좋다.
- 질서 있는 글이 되게 하려면 개요 작성이 꼭 필요하다.

서론 쓰기
- 짧으면서도 핵심적인 내용이 들어가야 함.
- 문제 제기를 위한 동기 유발 → 문제 접근 → 문제 제기
- 예화나 사건, 구체적 경험에 의한 서두 쓰기
- '사회 현상이나 실태 서술'에 의한 서두 쓰기
- '묻고 답하기'에 의한 서두 쓰기
- 논제의 핵심 개념 설명에 의한 서두 쓰기
- 반론 펼치기에 의한 서두 쓰기

본론 쓰기
- 서론에서 제기된 문제를 분석한다.
- 분석된 문제에 대한 해결 방안 제시
- 제시된 주장의 타당성 검토
- 단점을 보안할 수 있는 방법을 논리적으로 제시한다.
- 구체적인 내용이어야 한다.
- 개인적인 주장은 피하고 객관적이어야 한다.
- 자신이 지니고 있는 지식의 양을 충분히 발휘한다.
- 논제와 결부되지 않는 내용을 억지로 쓰지 않는다.

결론 쓰기
- 서론 내용을 확인하여 정리한다.
- 본론의 핵심을 요약하여 정리한다.
- 인용 문장(속담, 격언, 다른 사람의 적절한 말이나 글 등)을 활용하여 결론을 맺는다.
- 새로운 과제 제시와 앞으로의 전망, 또는 경고와 제언 등을 덧붙여서 글을 맺는다.

앗, 범하기 쉬운 실수!
- 주장을 근거 없이 반복하는 경우
- 논제에 대한 자신의 견해를 분명히 하지 않는 경우
- 자신의 주장에 일관성이 없는 경우
- 대상 도서의 내용과 무관하게 자신의 주장을 하는 경우
- 글의 흐름이 논리적이지 못한 경우
- 서론 본론 결론의 형식을 갖추지 못한 경우

3 마인드맵으로 마음속 지도 그리기

마인드맵으로 생각 열기

마인드맵은 무엇인가요?

마음속에 지도를 그리듯이 줄거리를 이해하며 정리하는 방법이란다.

■ **방사형 마인드맵의 예**

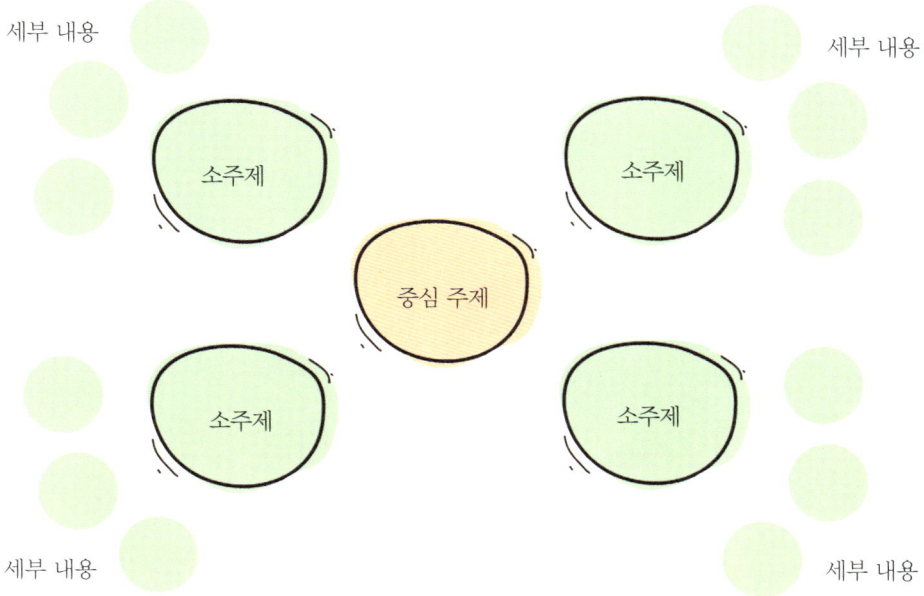

마인드맵 준비는 이렇게!

- ▶ 필기구와 노트가 필요해요.
- ▶ 노트는 선이 없는 백지 노트가 좋아요.
- ▶ 4가지 색상 정도의 볼펜이나 사인펜을 준비해요.
- ▶ 손으로 그리는 것이 좋아요. (컴퓨터를 사용한 마인드맵은 보존과 수정이 자유로우나 손으로 그리는 것만큼 다양한 이미지를 사용할 수 없음.)

마인드맵 효과

- ▶ 이미지와 핵심 단어, 색과 부호를 사용해서 기억력을 높여요.
- ▶ 중심체로부터 사방으로 뻗어 나가 생각을 자연스럽게 연결해요.
- ▶ 시각적 노트로 이해와 연상 작용을 도와요.
- ▶ 창의적 필기로 정보 관리를 도와요.

마인드맵 예

「자전거 도둑」을 읽고

중심체 : 주인공, 줄거리, 특징, 주제

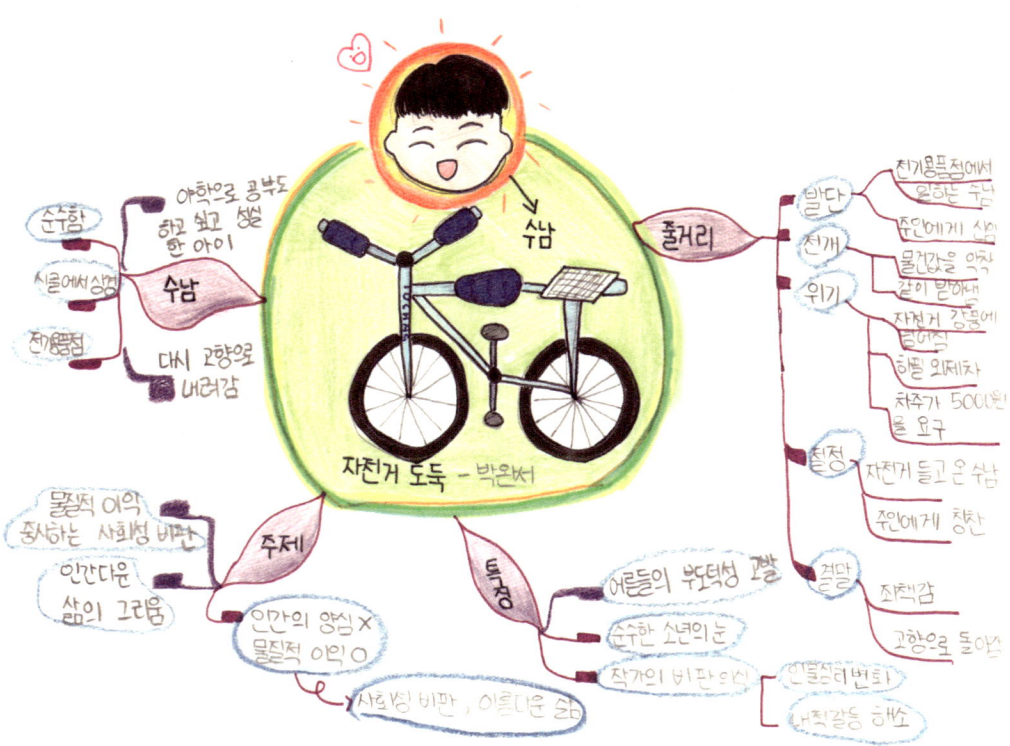

생각 끄집어내기

- 책을 읽고 한 가지 주제에 대해 꼬리에 꼬리를 무는 연결된 생각을 해 보아요.
- 「자전거 도둑」을 읽고 → 왜 수남이는 전기용품점에서 일하게 되었나요?
- 수남이의 가족 관계는? 가정 형편은? 주인은 어떤 사람인가? 어떤 사건이 벌어졌나? 등
- 선택한 주제를 정하면, 관련된 것들을 소재로 골라 와요. (나머지는 제외)

『샬롯의 거미줄』을 읽고

중심체 : 작가 배경, 주요 인물, 줄거리, 느낀 점

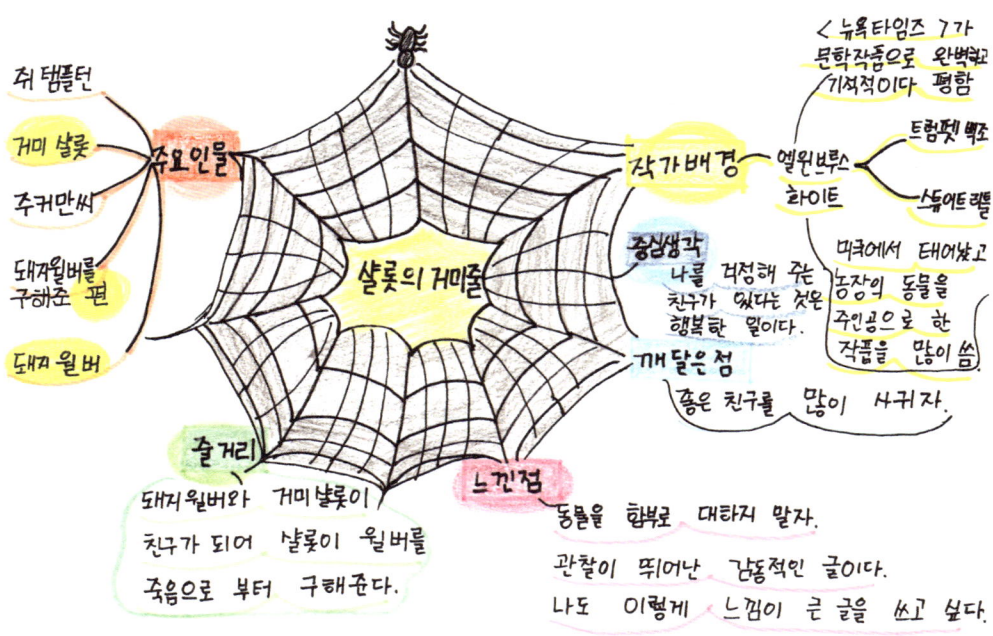

김도현

생각 끄집어내기

- 핵심 주제를 큰 줄기로 정해요.
- 핵심 문장과 단어를 찾아 기록해 두어요.
- 시각적 정보로 기억을 저장하는 그림을 그려 보아요.

「잘못 뽑은 반장」을 읽고

중심체 : 주인공, 주요 사건, 관련 표현, 느낀 점

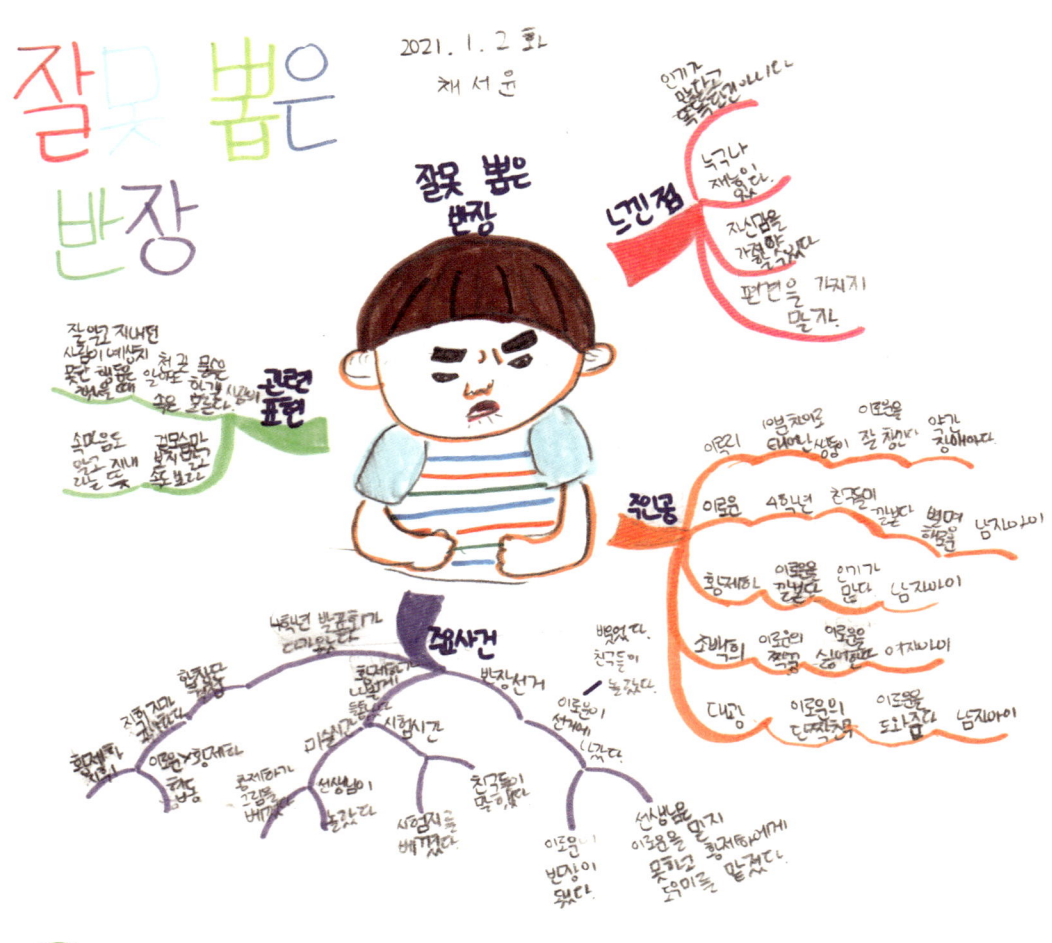

생각 끄집어내기

- 나만의 표시법으로 그릴 방법을 생각해 보아요.
- 책의 목차 → 목차별 내용 → 목차별 주제 순서로도 가지를 쳐 보아요.
- 큰 주제에 관련된 소주제를 잡고, 주제와 연관된 글을 쓰도록 해요.

4 개요 작성의 효과

개요를 흔히 '아우트라인(outline)'이라 합니다. 논술문에서 개요 작성은 생명과 같은 것입니다.

개요 작성의 효과는요!

- ▶ 글의 흐름, 전개 과정을 정리할 수 있어요.
- ▶ 논점에서 벗어나는 것을 막아요.
- ▶ 중복 진술을 피하고, 필요한 부분을 빠뜨리지 않게 해요.
- ▶ 논리적이고 질서 있는 글이 되게 해요.

마인드맵 → 개요 짜기 → 글쓰기까지(예시)

- ▶ **주제 정하기** → 논술의 힘은 배경지식이다.
- ▶ **마인드맵** → 방사형으로 정하고 글을 쓸 소재를 모음.

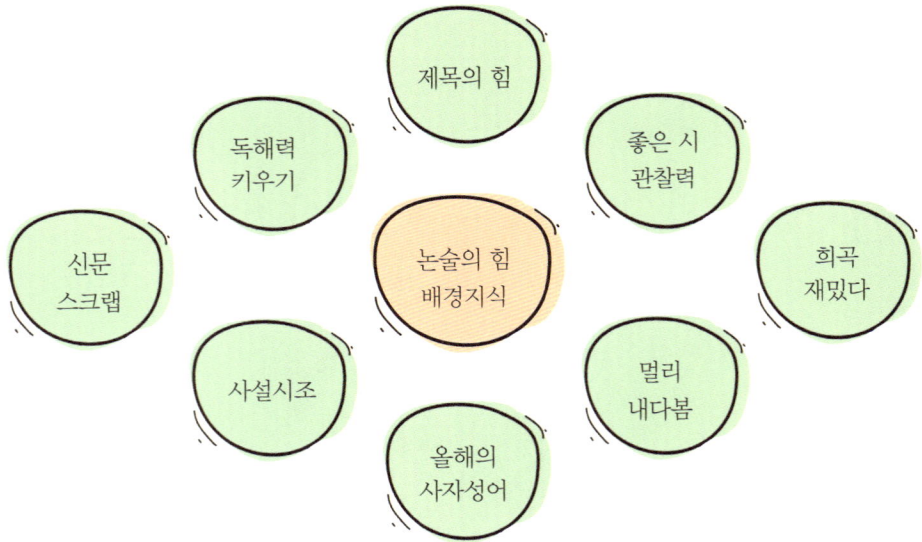

- ▶ **개요 짜기** → 위의 마인드맵에서 처음, 가운데, 끝맺음의 순서를 정함.
1. 역시 **신문 스크랩하길** 잘 했어.
2. 재미있다! 신문 기사로 키우는 **독해력**
3. 읽고 싶은 **제목**이 먼저 보이네!
4. 뛰어난 **관찰력이 좋은 시**를 탄생시킴.
5. 「오아시스 세탁소 습격 사건」 **희곡, 재미있다.**

6. 「두터비 파리를 물고」 **사설시조**

7. 얍~ 사라져라 아시타비 **(올해의 사자성어)**

8. 높이 나는 새가 **멀리 본다.**

 개요 짜기까지는 주어진 시간의 50%를 사용해도 좋아요.

▶ **정리한 것을 바탕으로 글쓰기**

논술의 힘은 배경지식이다

역시 스크랩하길 잘 했어

글쓰기를 위해 지난주에 스크랩해 둔 자료를 다시 읽어 보았다. 역시 논술의 힘은 배경지식이다. 집중해서 읽다 보니 시야가 많이 넓어진 느낌이 들었다. '아는 것이 힘이다!' 많이 읽고, 많이 생각하고 많이 쓰라는 선생님의 말이 크게 와닿는다.

재미있다! 신문 기사로 키우는 독해력

먼저 육하원칙으로 신문의 내용을 독해해 보았다. 먼저 본 기사는 「서울 초4~6, 원격 수업 후 학력 저하 우려」라는 기사였다. 나도 집에서만 수업을 듣다 보니 집중력이 떨어지고 공부 시간이 많이 줄었다는 것을 느낀 적이 있는데 공감이 되었다.

「아마존 숲을 지킨 원주민 여성 골드먼상」 이 기사는 석유 기업으로부터 아마존 열대 우림을 지켜낸 에콰도르 여성 '넨키모'를 소개했다. '그린 노벨상'으로 불리는 골드먼 환경상을 받은 그녀는 정부와 거대 석유 산업에 맞서 자신들의 땅을 지켰다. '우리의 열대 우림은 판매 대상이 아니다'라는 슬로건으로 온라인 캠페인을 벌였는데, '숲은 파는 물건 아니다'라는 외침이 들리는 듯하다. 그냥 쓱 훑어보고 지나치던 신문 기사를 육하원칙으로 나누어서 독해를 했더니 더 빠르고 쉽게 이해가 되었다.

읽고 싶은 제목이 먼저 보이네!

「놀랐다, 기생충·BTS 세계적인 열풍」「아팠다, 코로나19에 빼앗긴 일상」 신문 기사 제목이 눈에 띄었다. 보통 주어가 앞에 오는데 '놀랐다' '아팠다'가 먼저 쓰였다.

거기에서 낱말의 순서에 따라 글의 느낌이 달라진다는 것을 발견했다.

나는 이 부분이 흥미로웠다. 서술어를 앞에 쓰는 경우는 말하고자 하는 메시지가 더 확실하게 다가오고 느낌이 강조되었다. 서술어가 앞에 나올 수도 있다는 것을 오늘 알았다. 제목은 글의 내용을 한눈에 닿게 한다. 앞으로 제목을 쓸 때는 더 깊이 생각할 것이다.

뛰어난 관찰력이 좋은 시를 탄생시킴

「마스크」라는 좋은 시도 읽었다. 제27회 청소년소월문학상 대상에 당선된 시이다. 이 시에서는 목련나무의 꽃잎을 코로나19로 쓰는 마스크로 본 점이 재미있다. '나뭇가지에 걸린 마스크를 벗겨 내고 있다'는 표현이 특히 인상 깊다. '축제들은 취소되었는데/목련나무는 취소되지 않고 꽃잎을 피워 내요'라는 구절에서는 희망이 보인다.

여러 문장들 중에서도 '목련나무가 가지마다 마스크를 썼어요' '쓰다 버린 마스크만 길에 툭툭 떨어져 있어요'라는 문장은 재치 있고 유쾌한 관찰이다. 시를 많이 읽어 보아야겠다.

〈오아시스 세탁소 습격 사건〉 연극, 재미있다

40만 관객을 모았던 「오아시스 세탁소 습격 사건」을 읽었다. 처음엔 글밥이 많고, 어려운 말도 있어 머릿속에 잘 들어오지 않았다. 먼저 읽은 언니가 추천해 준 대로 「오아시스 세탁소 습격 사건 II」를 먼저 읽었더니 재미있는 장면들이 생생히 앞에 보이는 듯했다.

연극에서는 더러워진 빨래만큼이나 오염된 사람들의 마음도 세탁해 주는 세탁소 주인 강태국이 나온다. 사람을 빨래마냥 빨아서 말리는 것이 인상적이었고 이런 장면들이 나의 마음까지 깨끗하게 세탁해 주는 듯했다.

「두터비 파리를 물고」 사설시조

사설시조인 「두터비 파리를 물고」라는 시조를 읽었다. 작자 미상으로 김천택이 지은 『청구영언』에 실려 있다. 두꺼비가 파리를 물고 두엄 더미에 올라가 있는데 송골매를 보고 두꺼비는 뛰어내린다.

초장 – 두꺼비가 파리를 물고 두엄 더미에 뛰어오른다.

중장 – 산 위에 떠 있는 송골매를 보고 허겁지겁 내려온다.

종장 – 자신의 약점을 감추고자 허장성세의 말을 한다.

라고 풀이된 것을 읽었다. (허장성세: 허세를 부려 마치 힘이나 세력이 있는 듯 과장함)

약자에게 강하고 강자에게 약한 세태를 풍자하는 것이 이 작품의 주제이다. 파리는 평민, 두꺼비는 지방 관리, 송골매는 중앙 관리로 해석되지만 두꺼비를 통해 인간들의 세태를 보이는 것이다. 읽으면서 위기에서 스스로 빠져나왔다고 스스로 칭찬하는 두꺼비가 더 초라해 보인다. 그동안 옛시조를 간간이 읽어 둔 탓에 이 시조가 친근하다.

얍!~ 사라져라 아시타비

마지막으로 「아시타비(我是他非)」라는 기사를 보았다. 2020년 『교수신문』이 투표로 선정한 한 해를 특정 짓는 사자성어라 한다. 아시타비란 '나는 옳고 남은 그르다'라는 뜻이다. 아시타비와 비슷한 말로는 '내로남불'이 있다.

'내 탓' '내 잘못' '내 책임' 대신 '저쪽이 잘못이고 거짓말'이라는 대립된 말이 많이 나왔다니 걱정이다. 2021년에는 아시타비가 만연하는 사회가 되지 않았으면 좋겠다.

높이 나는 새가 멀리 본다

오늘은 오랜만에 마음 다잡고 신문자료를 살펴보았다. 오랫동안 쉬었다가 해서 설레기도 하고 조금 힘들기도 했다. 하지만 공부를 마치고 나니 머릿속에 많은 배경지식들이 쌓인 것 같아 뿌듯했다.

더 설득력 있고 흥미 있는 글을 쓰고 생각을 키우기 위해 꾸준히 사자성어도 익히고, 책과 신문을 읽으며 배경지식을 쌓아 나가야겠다. 지금보다 발전해 있을 내가 기대된다. '파이팅, 진수현!'

(진수현, 6학년)

- 이 글은 8문단으로 나눠서 글을 소개했습니다. 문단 수는 5~6개가 적당하나(원고지 8매 정도, A4용지 1매) 필요에 따라 늘리거나 줄여도 좋아요.
- 긴 글인데도 내용이 잘 읽힙니다. 글을 요약하는 솜씨가 돋보여요.
- 마인드맵과 개요 짜기를 잘하면 쓰려고 하는 글이 술술 풀려요.

5 서론에서 결론까지, 논술문 쓰기의 방법과 유의점

논제 잡기와 서론 쓰기

글을 쓸 때 고민하는 부분은 '어떻게 시작할까?'입니다. 서론은 사람의 첫인상과 같은 것이므로 읽는 사람에게 호감을 주어야 해요. 즉 흥미와 유용한 정보를 줄 수 있어야 관심을 끌 수 있어요.

■ 서론 쓰기를 시작할 때의 방법

▶ 논제를 제기하면서 시작한다.

논제 : 학교 폭력은 사라져야 한다

최근 들어 우리나라의 청소년 폭력 문제는 심각한 사회 문제로 대두되고 있습니다. 특히 학교에서 학생들 사이에 벌어지고 있는 학교 폭력은 조직화되고 잔인합니다. 학급 친구들로부터 집단 폭력의 고통에 시달리다가 자살을 하는 학생, 학교 생활에 적응하지 못하여 고통을 받는 학생이 많아 문제를 해결하기 위한 방안을 하루 빨리 마련해야 합니다.

▶ 주제와 관련된 사건이나 일화를 이야기하며 시작한다.

논제 : 안전사고 예방에 힘쓰자

얼마 전, 뉴스에서 물놀이 안전사고와 관련해 보도한 적이 있었고, 전국이 떠들썩했습니다. 이유는 안전 요원이 잠시 자리를 비워서 구할 수 있는 목숨을 잃었다는 것입니다. 잠깐의 방심으로 목숨을 앗아 가는 사고 등, 안전사고에 대한 경각심이 매우 필요한 상황입니다.

▶ 상대방의 입장이나 유명한 말을 인용하면서 시작한다.

논제 : 약속은 꼭 지켜야 한다

'약속이란, 나의 미래다. 나의 미래는 내가 만들어 간다.'라는 말이 있습니다. 또 『논어』에서도 '도리에 어긋나는 약속을 해서는 안 된다. 그것을 지킬 수 없기 때문이다.' 라고 약속의 중요성을 말합니다. 그러나 우리 주변에는 지키지 못할 약속을 하고도 대수롭지 않게 생각하는 경우가 있습니다.

▶ 자신의 주장을 내세우며 시작한다.

논제 : 조기 영어 교육 부작용 해결에 힘써야 한다

유치원에서도 영어 교육이 실시되고 있습니다. 영어는 일찍 시작하는 것이 효과가 크다고 하여 부모들은 서둘러 조기 영어 교육을 시키려고 합니다. 그러나 그에 대한 부작용 사례가 많아 조기 영어 교육에 따른 부작용 해결에 힘써야 합니다.

논거 들기와 본론 쓰기

　　본론은 글의 핵심 부분입니다. 논제를 명시하고 그것에 대한 입장을 정리해야 합니다. 또는 반대 의견에 반박하여 자신의 주장이 타당하다는 것을 입증하는 과정입니다. 서론이 본론에서 확인되고 읽는 이의 공감을 얻어야 합니다.

■ 본론 쓰기의 방법

- 문제의 원인을 제시하며 쓰기
- 구체적 자료나 사례를 제시하며 쓰기
- 서로 다른 입장에서 주장하며 쓰기
- 제3의 의견을 제시하거나 대안을 제시하며 쓰기

■ 본론 쓰기의 유의점

- 주장에서 타당한 근거를 확보한다.
- 사실을 제시하고 그것에 대한 나의 생각을 말한다.
- 자신의 주장을 뒷받침해 줄 사실이나 예시를 덧붙인다.
- 자신과 다른 생각을 말하고 자신과의 차이점을 논한다.
- 서론에서 말하지 않은 새로운 문제를 제기하면 안 된다.
- 문제 해결책을 항상 염두에 두어야 한다.
- 일관된 관점을 유지해야 한다.

요약하기와 결론 쓰기

결말은 명쾌하게 매듭지어야 논의를 효과적으로 마무리할 수 있습니다. 깊은 인상을 주거나 여운을 남기며 글을 맺기도 하지요. 글의 마지막을 쓰는 법도 글의 종류와 내용에 따라 여러 가지가 있답니다.

■ 결론 쓰기의 방법

- ▶ 주장을 분명히 밝히며 강조한다.
- ▶ 남의 말이나 글을 인용하면서 끝맺는다.
- ▶ 대책이나 새로운 읽을거리를 제시하며 끝맺는다.
- ▶ 앞으로의 자세나 태도 또는 전망 등을 서술한다.

■ 결론 쓰기의 유의점

- ▶ 앞의 본론의 핵심 내용을 간략히 요약한다.
- ▶ 자신의 주장이 명백하게 드러나게 한다.
- ▶ 서론에서 거창하게 시작했으나 끝에 빈약하게 결론을 내리는 것은 좋지 않다.
- ▶ 본론을 되풀이하는 인상의 진술은 피한다.
- ▶ 본론의 끝 부분만 정리하는 식의 부분적 결론은 좋지 않다.
- ▶ 논술문 전체의 마무리를 하는 글을 써야 한다.

제2장
글쓰기 훈련과 12가지 조언

1 나만의 방법으로 글쓰기

1. 일기 쓰기를 꾸준히 해요.

글쓰기는 일찍 시작할수록 좋습니다. 특히 초등학교에서는 일기를 꾸준히 쓰는 습관을 기릅니다. 이것은 훗날, 결정적으로 필요한 글쓰기를 할 때 매우 유용하지요. 준비된 글쓰기는 내가 원하는 글을 쓸 때 필요한 바탕이 되어 큰 힘을 발휘합니다.

2. 읽히는 글을 쓰도록 해요.

자기 자신을 드러내요. 나는 무엇에 관심이 있는지, 어떤 이야기를 좋아하는지. 좋지 않은 글, 혹은 읽히지 못하는 글을 쓰는 사람들의 가장 큰 실수는 "자신에게 중요한 문제나 사건, 또는 인물에 관한 이야기를 쓰지 않고 오히려 남들이 듣고 싶어 할 거라고 생각하는 이야기를 쓴다."는 점입니다. 그런 글은 쓰는 사람도 지루하고, 읽는 사람도 지루합니다.

3. 정직하게 쓰고 남의 글을 베끼지 않아요.

독후감을 쓸 때 이런 유혹에 많이 빠집니다. 책을 끝까지 읽지도 않고 줄거리 소개를 적당히 이용하는 경우입니다. 인터넷에 있는 내용을 복사하거나 책의 내용을 그대로 옮겨오는 것은 금방 눈에 띌 수 있어요. 힘들더라도 이런 유혹에 빠지지 말아야 해요. 정직하게 써야 해요.

4. 나만의 이야기를 쓰도록 해요.

평범한 이야기는 남에게 감동을 주지 못해요. 나만의 새로운 이야기를 쓰도록 해요. 모든 사람이 쓰는 이야기는 좋은 점수를 받지 못합니다. 나쁜 글이 위험한 것이 아니라 평범하게 쓰는 글이 위험해요. 다르게 보기와 비틀어 보기를 시도해 나만의 이야기를 써 보아요.

5. 지나친 감정 표현은 자제하고 과장하지 않아요.

글을 쓸 때 지나친 감정 표현은 읽는 사람이 불편해요. 과장하지 않으면서 공감이 되는 글, 끌리게 하는 글은 독자에게 좋은 인상을 줍니다.

6. 가장 드러내고 싶은 부분에 집중해요.

내가 말하고자 하는 핵심 내용에 집중해요. 예를 들어 "방송반에 들고 싶은 이유를 쓰라"라고 한다면 나의 취미, 성적, 포부, 등 목록을 작성하듯 줄줄이 늘어놓을 필요는 없어요. 그것은 읽는 사람을 식상하게 하기 때문이지요. 몇 가지 아이디어를 적고, 그중에서 가장 드러내고 싶은 부분을 씁니다.

7. 수없이 고치고 또 고쳐요.

좋은 글은 단번에 완성되지 않아요. 초고에서 주제에 관한 어떤 내용이라도 적고, 문법이나 철자에는 신경 쓰지 않도록 해요. 그리고는 몇 시간, 또는 며칠을 푹 묵혀 나중에 꺼내어 써요. 나중에 꺼내어 쓸 때 초점을 맞추고 더 좋게 글을 고쳐 써요. 글이 쓸데없이 장황하거나 주제와 다른 글이 있을 때는 짧게 고치거나 삭제해요. 잘라내고, 덧붙이고, 때로는 큰 흐름 자체도 바꿀 수 있어야 해요. 수없이 고치고 또 고칠 때 좋은 글이 나옵니다.

8. 남의 의견을 듣고 조언을 구해요.

나의 글이 잘못된 것을 부끄럽게 생각지 않아요. 여러 번 고쳐 쓴 나의 글이라도 누군가 내게 조언을 해 줄 사람을 찾아요. 조언자는 선생님, 부모님, 또는 글쓰기를 잘 아는 친구이면 좋습니다. '어디를 어떻게 고치면 좋은지' 물어보고 귀 기울여 보세요. 비평은 귀에 거슬릴 수 있으나 마음을 열고 듣도록 합니다. 실수한 부분을 고칠 수 있고, 놓쳤던 부분까지 찾을 수 있어요.

9. 꼼꼼히 살펴보고 거듭 확인해요.

드디어 글을 완성하고 발표하거나 보낼 준비 되었지요? 그러나 너무 서두르지 마세요. 거듭 읽으면서 작은 실수들이 남아 있는지 확인해요. 컴퓨터를 사용할 때는 철자 확인 프로그램을 돌려 보세요. 그러나 무작정 고치지 말고 의미를 잘 살펴본 후 확인하고 고쳐요.

여러 번 읽다 보면 오타조차도 당연히 맞는 것처럼 보여서 눈에 띄지 않는 일도 있답니다. 직접 큰 소리로 읽어 보거나 자기소개서를 쓸 때는 뒤 문장부터 거꾸로 읽어 보는 것도 좋은 방법입니다. 이렇게 꼼꼼히 점검하다 보면 실수한 부분이 더 쉽게 눈에 띕니다.

10. 온라인 글쓰기를 할 때도 유의해요

인터넷 방식의 글쓰기를 할 때도 우편으로 보내는 편지를 쓸 때처럼 심혈을 기울여야 합니다.

글씨체나 문자 표현은 마음의 창을 열어 보여 준다고 하듯 온라인 글쓰기도 마찬가지랍니다.

11. 문장 부호를 남용하지 않아요.

글을 무겁지 않게 쓰려고 문장 부호와 이모티콘을 남용하다 보면 오히려 가볍게 보일 수도 있습니다. 정중한 표현이 필요할 때는 문장 부호를 남용하지 않습니다.

12. 장점을 부각해요.

이번 학기에 성적이 좋지 않은 이유를 말하거나 다음 학기에는 더 잘할 거란 각오는 쓰지 않아요. 변명은 자신의 약점만 부각하므로 나의 장점에서 출발하는 것이 좋습니다.

나만의 방법으로 글을 써 보는 훈련

■ 희곡 쓰기에 도전하여 쓴 글

평범한 글쓰기도 남에게 흥미를 주지 못해요. 나만의 새로운 방법으로 글을 써 보는 훈련이 필요합니다. 다시 말하면 모든 사람이 쓰는 이야기는 좋은 점수를 받지 못합니다. 서투른 글이 위험한 것이 아니라 평범하게 쓰는 글이 위험하다고 하지요. 새로운 시도는 어렵지 않아요. 그 형식에 맞게 써 보면 된답니다. 그렇게 나만의 이야기를 쓴 학생의 글을 살펴볼까요.

인권 침해? 절대 방심은 안 돼요

때 : 저녁 식사 후
장소 : 수현이 집 거실
등장인물 : 엄마, 아빠, 언니, 나

TV에서 뉴스 화면이 나온다. 여자 앵커가 "정부가 코로나19 자가 격리자의 무단 외출을 막기 위해 '실시간 위치 확인용 손목 밴드'(전자 팔찌)를 도입하는 방안을 검토 중인데요……"라고 보도하고 있다.

아빠 (뉴스에 귀를 기울이며) 뭐야, 마치 범죄자 같잖아! 무단 외출을 막으려고 전자 팔찌를 착용하게 한다고?

엄마 (소파에 앉아 빨래를 개며) 자가 격리를 의무화하지 않으면 감염 확산을 막기 어려우니까 그러는 거지요.

언니 (TV를 보며) 신체에 부착해서 실시간으로 위치 정보를 확인하는 건 인권 침해 아닌가요? 뭘 그렇게까지…….

나 (뉴스 화면과 가족을 번갈아 보며) 언니, 방심하다가 감염이 확산된 나라가 많잖아. 국민의 안전이 먼저라고!

언니 하긴, 내가 감염됐다고 생각하면 끔찍해.

아빠 가장 효과적인 방법은 무엇일까?

나 음~. 자가 격리자에게 동의를 받아서 팔찌를 착용하게 하면 좋을 것 같아요.

엄마 (손목을 만지며) 그래. 팔찌를 예쁘고 불편하지 않게 디자인해서 거부감이 들지 않도록 하는 것도 좋겠네.

나 손목 밴드를 '안심 밴드'로 인식하면 좋겠어요. 팔찌에는 '내 가족과 내 나라는 내가 지킨다!' 같은 말도 넣고요.

엄마 '견디는 이 순간이 행복을 가져온다'도 좋겠다.

아빠 (고개를 끄덕인다) 서로 양해하고 먼저 배려하는 것이 중요해. 코로나19 초기 환자 중 10%는 아무런 증상이 없다고 해. 절대 방심하면 안 돼.

나 맞아요. 확진자는 줄었지만 안심할 단계는 아니래요.

엄마	6·25전쟁 중에도 문을 열었다는 대구 서문시장도 지난 일주일간 문을 닫았대. 얼마나 위태로우면…….
언니	도대체 치료약은 언제 나오는 거예요?
아빠	아직은 몰라. 그때까지 잘 대응해야 하지만 또 2차 대유행도 대비해야 한단다.
나	휴. 새 친구랑 담임선생님도 못 만나고, 집에만 있자니 너무 답답해요.
언니	(몸을 비틀며) 빨리 개학해서 학교에 가고 싶어요.
아빠	전염병은 정말 무서워! 전쟁 때보다 더 많은 사람이 목숨을 잃거든.
엄마	(개어 놓은 빨래를 들고 일어선다) 모두 예방 수칙을 잘 지켜야 해. 감염 위험이 사라지면 가족 여행도 가자. 친척 집도 가고.
나	(방에 들어가며) 아, 학교가 그립다! 친구가 보고 싶다!

(진수현, 6학년)

와아! 대단하다. 이 글은 첫 문장을 지문으로 시작한 희곡이다. 희곡은 공연한다고 생각하고 등장인물의 대사를 중심으로 쓴 연극 대본이다. 초등학생이 선뜻 쓰기엔 어려웠을 텐데 용기 있게 희곡에 도전한 글쓴이를 칭찬한다. 똑같은 소재라도 글의 종류마다 뿜어내는 향기와 무게는 다르다. 코로나19 자가 격리자에게 안심 밴드를 부착하는 문제는 희곡이 아니라면 자칫 자기주장만 내세우기 쉽다.

이 글은 대사와 동작, 무대 장치, 장면 순서 등 희곡 형식을 제대로 갖춘 짜임새 있는 작품이라 깜짝 놀랐다. 코로나19 사태가 불러온 답답한 생활을 이겨 내고 일상을 되찾는 꿈을 그리는 데 성공했다.(『어린이 조선일보』 2020.5. 문예상 심사평에서)

2 좋은 문장을 쓰기 위한 10가지 유의 사항

내가 쓴 글이 "참 잘 썼구나!"라고 칭찬을 받거나 높은 점수를 얻으려면 어떻게 해야 할까요? 그러려면 좋은 글을 써야겠지요. 어떻게 쓴 글이 좋은 글인지 꼼꼼히 알아봅시다.

좋은 글을 쓰려면 좋은 문장을 쓸 수 있어야 합니다. 좋은 문장은 내 생각을 정확하게 표현하여 읽는 사람을 이해시키는 데 중요한 역할을 합니다.

좋은 문장은 이해하기 쉬운 글이어야 합니다. 또한 문법과 맞춤법이 맞으며 알맞은 어휘를 사용해야겠지요. 아래 유의 사항을 살펴보며 좋은 글을 쓰는 데 잘 활용해 보아요.

1. 긴 문장을 피해 보세요

문장이 길면 글의 중요성을 파악하기가 쉽지 않아요. 또한, 읽는 사람은 많은 시간과 인내가 필요하지요. 긴 문장은 여러 개의 문장으로 나누어 보세요. 생각이나 정보를 전달하는 데 매우 효과적인 방법입니다.

2. 주어와 술어를 일치시켜 주세요

술어와 서술어는 같은 말입니다. '주어를 서술하는 말'이라는 뜻이지요. 주어는 문장에서 가장 핵심이 되는 말입니다. 먼저 문장을 읽고 주어와 서술어를 찾습니다.

흔히 문장이 긴 곳에서 주어가 술어와 잘 맞지 않는 것을 발견할 수 있어요. 눈으로 따라가며 읽다가, 혹은 소리 내어 읽다가 어색한 느낌이 들거나 어딘가 이상한 느낌이 드는 글은 대부분 주어와 술어가 맞지 않은 글이지요.

'무엇이 어찌하다' '누가 무엇이다' '누가 어떠하다'에서 주어는 '무엇이' '누가'에 해당하는 말이며, 술어는 문장을 끝맺는 말입니다.

3. 접속어를 정확하고 적절하게 사용해 주세요

어린이들의 글을 읽다 보면 '그리고' '그런데' 등을 많이 씁니다. '아침 일찍 학교에 갔습니다. 그리고 교실 창문을 열었습니다.'를 '아침 일찍 학교에 가서 교실 창문을 열었습니다.'로 바꾸어도 글이 자연스럽게 읽힙니다.

4. 문장을 풀어 쓰세요

자기만 알도록 간략하게 쓰면 읽는 사람이 이해하기 힘들어요. 문장을 풀어 쓰는 습관은 자기 생각을 상대방에게 더 쉽고 명료하게 전달합니다. 그렇다고 장황하게 늘어놓는 것은 금물입니다. 문장의 길이가 적당한지도 살펴요.

5. 적절한 단어를 사용하세요.

열심히 썼는데 내 생각을 이해시킬 수가 없다면 답답하지요? 내용에 꼭 맞는 적절한 단어를 사용하면 내 생각을 정확하게 전달할 수 있습니다. 그러기 위해서는

- ▶ 우리말 사전을 친구로 만들어야 해요.
- ▶ 어려운 한자 말을 피하고 외국어를 남용하지 않아요.
- ▶ 쓰기 전에 항상 여러 번 생각해요.

6. 나만의 창의적인 글을 쓰세요.

아무리 잘 써도 읽히지 않는 글은 소용이 없어요. 일반적인 생각, 남들이 알고 있는 이야기는 읽고 싶은 마음이 들지 않아요. 독창적이고 자기만의 생각을 담을 수 있는 글을 써 보세요.

- ▶ 주변 태도에 늘 관심을 가지고 관찰하는 태도가 필요해요.
- ▶ 남들과 다른 관점이나 시각으로 사물과 현상을 바라보아요.

7. 설득력이 있는 글을 써요.

글을 썼는데 읽는 사람이 고개를 갸우뚱하는 내용을 담았다면 생각을 효과적으로 전달하지 못한 것이겠지요. 내 생각이 상대방을 이해시킬 수 있는 객관적인 시선으로 글을 써야 합니다. 자기의 생각만 주장하는 글은 설득력이 없는 글입니다.

8. 첫 문장으로 독자를 유혹해요.

모든 글쓰기에서 첫 문장은 아주 중요해요. 첫 문장이 흥미롭지 않거나 긍정적인 인상을 주지 못하면, 그 글은 끝까지 읽히지 않아요. 논리적인 글쓰기의 기본 구조는 서론, 본론, 결론이지만 의외로 많은 어린이가 서론(머리말)에 무엇을 써야 할지 모르고 있습니다. 다음 두 가지를 기억하세요.

- ▶ 머리말에서 글 전체의 내용을 한눈에 알아볼 수 있도록 해요.
- ▶ 읽는 사람이 글을 손에서 놓지 않도록 흥미를 주어야 해요.
- ▶ 첫 문장이 인상 깊고 흥미를 주어 다음 문장을 읽을 수 있도록 유도합니다.

9. 같은 내용이 반복되고 있나 살펴요.

어린이들의 글에서 자주 발견되는 오류 중 하나는 열심히 썼는데, 같은 내용이 반복되는 글입니다. 글이 반복되면 지루하게 읽히게 됩니다. 글을 쓴 후 같은 의미를 담고 있는 내용이 있나 살펴보세요. 문단 나누기에 유의하면 반복된 내용을 줄일 수 있습니다.

10. 틀린 글자나 빠진 글자가 있나 살펴요.

지나친 수식어가 있는지도 살펴요. 맞춤법, 띄어쓰기, 문장 부호 사용이 틀리지 않는가 살펴봅니다. 맞춤법이나 띄어쓰기가 틀리면 의미 전달에도 혼돈이 오지만 읽는 사람이 힘들어요. 여러 번 살펴보고 확인합니다.

3 글쓰고 나서 첨삭하기

다음 글을 읽어 보고 글을 어떻게 다듬어야 할지 잘 살펴보세요.

 첨삭 사례

세상에 이런 일이

어린이 신문에서 미래에 대한 글을 읽었다. 이 글은 앞으로 미래에 일어날 일을 미리 써 본 것이다. 그리고 나의 생각은 글쓴이가 나중에 크면 생각처럼 이렇게 나라가 발전했으면 좋겠다는 생각인 것 같았다./ 글쓴이의 꿈에서는 먼 곳(외국)에서 주문해도 초고속 항공과 드론 연계 시스템으로 반나절이면 집에서 물건을 받아 볼 수 있다는 것이다./ 그때 난 깜짝 놀랐다. 처음 읽을 때는 정말인 줄 알았다. 그리고 글쓴이는 2040년에 자기가 말한 대로 이 꿈이 실제로 이루어졌으면 좋겠다고 했다./ 그런데 그게 정말 이루어질 수 있다면 얼마나 좋을까.
　　과학이 발전해서 모두가 편리한 생활을 했으면 좋겠다.

이 글은 어린이 신문을 읽고 쓴 글입니다. 글이 편하게 읽히고 느낌도 잘 나타냈군요. 그러나 문단을 나누지 않아 글이 답답해 보이고 '그리고' '그런데' 라는 접속어도 많이 썼네요. 아마 자기도 모르게 무의식적으로 글을 이어가기 위해 쓴 접속어 같습니다.

문단을 나누고, 필요 없는 접속어를 삭제한 글과 비교해 보세요.

'깜짝 놀랐다'를 첫 문장의 대화 글이나 생각으로 고쳐 보아요.

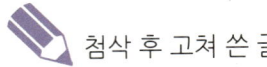 첨삭 후 고쳐 쓴 글

세상에 이런 일이

"와 대단하다, 정말 빠르네!"

어린이 신문에서 미래에 대한 글을 읽고 혼자 중얼거렸다. '어떻게 오전에 주문한 물건이 오후에 도착을 하지? 주문한 미국은 비행기로도 10시간은 걸리는데?' 우리나라도 이렇게 발전했으면 좋겠다는 생각이 들었다.

그때 난 깜짝 놀랐다. 글쓴이는 2040년에는 자기가 말한 대로 이 꿈이 실제로 이루어졌으면 좋겠다고 했다. 처음 읽을 때는 정말인 줄 알았다. 그런데 반전이 있다. 바로 그게 꿈이었다는 것이다.

이 글은 앞으로 미래에 일어날 일을 미리 써 본 것이다. 글쓴이의 꿈에서는 먼 곳(외국)에 주문해도 초고속 항공과 드론 연계 시스템으로 반나절이면 집에서 물건을 받아 볼 수 있다는 것이다.

그게 정말 이루어질 수 있다면 얼마나 좋을까. 과학이 발전해서 모두가 편리한 생활을 했으면 좋겠다. '과학에 더 관심을 가지고 공부해야지!'

첨삭할 때는 이렇게
- 낭독을 하면서 어색한 곳을 고쳐요.
- 서너 번 읽고 난 뒤 첨삭해요.
- 전체 글을 먼저 보고, 문단, 문장, 어휘 순으로 살펴서 첨삭해요.

■ **고치기 전과 고친 후 친구들의 느낀 점**

고치기 전	고친 후
문단을 나누지 않았다. 글이 답답해 보이고 읽기가 싫었다.	읽기가 편하고, 글이 정돈되었다.
'그리고', '그런데'를 자꾸 쓰니까 말을 늘어놓는 느낌이 났다.	접속어를 지워도 문장의 내용이 간결하게 읽혔다.
첫 문장이 딱딱해서 지루해 보였다.	첫 문장에 궁금증이 생겼다.

4 창의력을 키우는 여러 가지 방법

다르게 보기와 발견하기

- 문학 독서(고전 이용 포함)를 한다.
- '다르게 보기'와 '발견하기'를 확인할 책을 찾아 읽는다.
- '다르게 보기'와 '발견하기'의 사례를 찾는다.

발상의 전환 (관점 바꾸기)

- 신문의 기사를 읽으며 자신의 관점을 유연하게 한다.
- 사소하거나 당연한 일일수록 되짚어 보는 일이 필요하다.
- 연결 고리를 찾는다.(중용의 해결책, 즉 교집합)

비틀기와 뒤집기

- 매체를 활용해서 읽기에서 세상 읽기로 범위를 넓힘. (매체 : 책, 신문, 잡지, 라디오, 텔레비전, 컴퓨터, 영화, 인터넷 등)
- 책과 다양한 매체의 병행이 중요하다.

- 스스로 자신의 흥미나 관심, 능력에 맞는 책을 선택하여 읽는다.
- 독서 클럽을 통하여 서로의 경험을 공유한다.
- 독서 토론을 통해 탐구 능력을 배양하고, 인지 능력을 키운다.

발상의 전환(관점 바꾸기)

다음 글은 신문에서 「도시락은 죄가 없습니다」라는 칼럼을 읽고 발상을 전환하여 쓴 글입니다. 고발장 형식의 글을 빌려 내 마음을 재미있게 잘 표현하였습니다.

일기장은 죄가 없습니다

친애하는 재판장님, 저는 성남시 야탑동에 사는 초등학교 4학년 남자 어린이입니다. 한 해 동안 일기를 마지못해 썼고, 일기 쓰기 숙제는 선생님의 지나친 간섭이라고 불평한 점에 대해 다음과 같이 진술하고 반성합니다.

이번 겨울 방학이 끝나면 5학년이 되기에 책가방 정리를 하면서, 귀퉁이가 닳은 일기장을 꺼내곤 수없이 귀찮아하고 짜증을 냈던 기억을 떠올렸습니다.
삐뚤빼뚤 제멋대로인 글씨를 보고 "도대체 알아볼 수도 없게 글씨를 쓰면 어떻게 해? 선생님께서 보시고 얼굴 찡그리시겠다." 하시며 엄마 먼저 찡그리셨죠.
"요즈음 왜 일기 내용이 허리에도 안 차? 반 쪽도 안 되네?"
"알림장 보세요. '일기 10줄' 하고 쓰여 있잖아요."
"오죽 일기 쓰기 싫어하면 10줄이라고 했을까?"
이렇게 엄마랑 다툴 때 일기장은 책상 모서리에서 죄인처럼 숨죽이고 있었을 것입니다. 내가 신경질을 내며 엉망인 글씨를 빡빡 지울 때는 그 얼굴이 얼마나 아팠을까요. 지운 흔적에서 찢어질 듯 구겨진 얼굴이 보이는 듯합니다.
정말이지 저는 일기 쓰기가 싫었습니다. 인상 깊은 일을 떠올리려 해도 할 말이

별로 없었거든요. 거기에다가 "맞춤법이 틀렸다." "글씨는 왜 그 모양이냐." 하고 엄마가 눈을 크게 뜨고 바라보시면 숨이 턱턱 막혔답니다. 일기장을 제출하는 날은 숙제도 하지 않는 아이라고 할까 봐 일기를 몰아서 한꺼번에 쓴 적도 있습니다.

일기장이 사라지기만을 간절히 바라기도 했습니다. 또한 옆 반 친구가 "우리 선생님은 일기 숙제를 안 내셔. 각자 알아서 하래." 할 때는 선생님을 바꾸면 얼마나 좋을까 하고 부러워도 했답니다.

그런데 한 학년을 마무리하는 지금 나에게 가장 큰 선물로 남아 있는 게 일기장이란 것을 이제야 깨닫게 되었습니다. 수없이 지우고 고쳐 쓴 글씨 덕에 일기장은 너무도 근사한 나만의 역사로 남은 것을 보았기 때문이지요.

어제 엄마는 할머니께 제 일기장을 보여 드렸나 봅니다.

"에구! 우리 진우가 이렇게 글을 잘 쓰네. 글씨도 너무 반듯하다."

칭찬에 뿌듯했습니다. 엄마는 제가 독서 골든 벨을 울릴 때보다 더 대견한 듯 바라보셨습니다. 사실 저는 제 일기가 남에게 보이는 게 싫어서 엄마가 읽는 것도 짜증을 많이 냈거든요.

"일기가 나만의 비밀이라고 생각하면 안 돼. 글이 거짓이 없고 당당하면 누가 보아도 괜찮은 거야." 처음에는 이 말을 이해하기 어려웠습니다. 그러나 지금은 조금은 알 것 같아요. 내 생각을 나눈다고 느끼니까요. 지금 나는 내 일기장에게 진심으로 사과하고 싶습니다.

'일기장아, 그동안 너를 너무 무시해서 미안해. 이제부터는 즐겁게 많은 이야기를 담을게. 신문에서 알게 된 새 소식도 전하고, 감명 깊게 읽은 책 얘기도 나누고, 우리 아파트 옆 탄천에서 만난 풀꽃도 소개해 줄게. 우리 좋은 친구가 되자.'

재판장님, 부디 저의 변화된 마음을 헤아려 주시길 부탁드리며, 새 학년에 쓸 공책 표지에 축구공이 멋지게 그려진 새 일기장을 반성의 자료로 제출합니다. 감사합니다.

(박진우, 4학년)

글의 특징과 배울 점을 살펴보아요.

- 아하, 반성문을 고발장 형식으로 썼네요.
  - "친애하는 재판장님, ~ 다음과 같이 진술합니다."
- 일상생활의 대화를 그대로 옮겨 놓아 술술 읽히는 문장도 매력 만점.
  - "요즈음 왜 일기 내용이 허리에도 안 차? 반 쪽도 안 되네?"
  - "알림장 보세요. '일기 10줄' 하고 쓰여 있잖아요."
  - "오죽 일기 쓰기 싫어하면 10줄이라고 했을까?"
- 일기장을 사람처럼 여기고 쓴 다음 문장은 깊은 울림이 있군요.
  - "지운 흔적에서 찢어질 듯 구겨진 얼굴이 보이는 듯합니다."
- 제목이 글을 읽도록 합니다. 제목과 첫 문장이 다음에 펼쳐질 글을 읽도록 시선을 끄는군요.

5 정확한 문장 표현과 단어 사용

글을 읽는 사람으로 하여금 자기의 의견을 믿고 따르도록 하려면 균형 잡힌 글쓰기를 하여야 합니다. 정확한 문장 표현을 하여야 하고, 적절한 어휘를 사용해야 하며, 원고지 쓰는 법도 잘 익혀야 합니다.

정확한 문장 표현
- 우리말의 어법에 맞게 표현한다.
- 같은 말이나 의미가 유사한 말은 쓰지 않는다.
- 불필요한 말은 삭제하고 최대한 간결하게 표현한다.
- 접속어나 지시어를 적절히 이용한다.

정확한 단어 선택
- 문맥에 맞는 단어를 사용한다.
- 주관적인 단어 사용보다는 객관적인 단어를 사용한다.(누구나, 과연, 어차피, 결코, 불과, 심지어, 설마 등은 주관이 많이 섞인 단어이다.)
- 쉬운 말로 쓴다.

- 띄어쓰기, 줄 바꾸기를 잘 하도록 한다.
- 문단 나누기를 명확히 하도록 한다.
- 글쓰기가 체계적으로 되어 한눈에 알 수 있다.
- 제목을 쓸 때에는 문장 부호에 유의한다.

사회적 문제를 다룬 생활문

여름 방학은 끝났다

"이젠 에어컨에서 떨어져도 살 만하네."

등교 준비를 하는 내 등 뒤에서 엄마 목소리가 들린다. 올해는 유난히 땀을 많이 흘린 것 같다. 그러나 어른들은 작년보다 덜 더웠다고 하신다. 지구 온난화도 걱정이지만, 개학을 준비하며 지난 여름 방학이 어떻게 지나갔는지 두 가지로 생각해 보았다.

개인적인 체험으로는 가족과 함께 안면도에 간 게 기억에 남는다. 꽃지 해수욕장에서 신나게 물놀이를 했지만, 펄이 있어 물이 깨끗하지 않았기 때문에 금방 나왔다. 물놀이를 하고 안면도에서 유명한 게국지를 먹어본 것이 인상 깊다. 처음 먹는 음식이었지만 진짜 맛있었다. 매일 먹어도 질리지 않을 것 같은 아직도 혀끝에 남아 있는 그 맛!

2주 동안 영어 아카데미에서 캠프 체험도 했다. 영어로만 말해야 해서 어려운 점이 있었지만, 외국인 선생님들과 소통하며 생활하다 보니 재미있기도 했다. 특히 영어 아카데미 구내식당 밥이 학교 급식보다 더 맛있었다.

아쉬운 점이 있다면 꼭 가 보고 싶은 부산을 가지 못한 것과 엄마, 아빠랑 함께한 시간이 적었다는 거다. 투덜대는 내게 아빠는 "지민아, 아빠는 지금 한창 일할 때고, 넌 열심히 공부할 시기니까 앞으로 더 좋은 시간이 기다리고 있을 거야." 하고 등을 두드려 주셨다.

사회적으로 이야기하자면 요즘 신문 보기가 겁난다. 난 하루도 빠짐없이 어린이 신문을 보는데, 일본이 우리나라를 백색국가에서 제외했다고 한다. 백색국가는 무역이나 관세, 통관 절차에서 우대받는 국가다. 일본에서 부품을 수입해 완제품을 만드는 한국 기업이 제품을 생산하는 데 차질을 겪고, 우리 경제는 큰 손해를 볼 수 있게 된다. 아빠는 이 기사를 보시고 기업이 망할 수 있다며 걱정하셨다.

또, 우리나라가 지소미아를 파기했다는 소식이 있다. 지소미아는 한국과 일본이 군사 기밀을 공유할 수 있다는 협정이다. 하지만 우리나라가 신뢰를 깨뜨린 일본에 군사 기밀을 공유할 수 없다고 밝혔다. 일본과 대한민국의 관계는 더 안 좋아지는 걸까? 좋은 해법은 없을까? 내 고민에 엄마는 "우리 딸, 학생은 정신 바짝 차리고 공부하는 게 답이야!"라고 하셨다.

네, 네~. 개학이 시작됐네요. 파이팅, 대한민국!"

(주지민, 5학년)

이 글은 개인적 체험과 사회적인 경우로 나누어 정리한 점이 특색이군요.
자세히 보면 세 가지 글감을 한데 뭉뚱그려 썼지만, 전혀 어수선하지 않고 잘 읽혀요.
사회 문제에 대한 안목도 대단하군요. 문제를 잘 파악하고 있어요.
사회 문제는 자칫하면 논술로 흐르기 쉬운데 생활문을 벗어나지 않게 썼어요.
매일 빠짐없이 어린이 신문을 읽으며 기른 내면의 힘이 보여요.
줄거리 요약과 사건 정리를 잘한 것이 글의 마지막 문장에 남김없이 드러나 있어요.

■ 글다듬기

좋은 글을 쓰려면 여러 번 글을 고쳐서 생각을 가다듬어야 합니다. 이것을 퇴고라고 하고, 쉽게 말해 '글다듬기'라고 하지요.

■ 퇴고할 때

▶ 필요하지 않은 부분은 없애거나 간단히 줄여요.
▶ 내용이 불충분하거나 지나치게 생략된 부분은 보충해요.
▶ 단락의 순서나 논리에 따른 전개 순서 등을 바로잡아요.

6 미리 익혀야 할 원고지 사용법

"급합니다! 학교 대표로 논술 대회에 출전하는데 원고지에 써 본 적이 없어요."

이렇게 다급하게 원고지 쓰는 법을 요청하는 학생이 많답니다. 특히 중, 고등학교 상급 학년에서 이런 현상이 일어납니다. 요즘은 원고지를 예전만큼 쓰지 않기 때문에 모를 수밖에요. 그러나 논술 대회를 대비하거나, 실용 글쓰기 자격 시험을 보려면 기본적으로 알아 두어야 할 사항이지요.

원고지 쓰기를 하다 보면 띄어쓰기, 문장 부호 사용법을 자연스럽게 알게 되어 글씨도 예쁘게 쓰게 된답니다. 필요할 때 당황하지 않도록 오늘의 일기나 동시를 원고지에 써 보면 쉽게 접할 수 있습니다.(200자 원고지부터 1200자 원고지까지 있지만 200자 원고지부터 시작해 보아요.)

■ **제목 : 한 줄 비우고 둘째 줄 가운데에 쓴다.**

▶ 제목이 짧을 때 → 두 칸 띄어 써도 좋다.

					가		을							

▶ 제목이 조금 짧을 때 → 한 칸씩 띄어 써도 좋다.

					들		국		화					

▶ 제목이 길 때 → 띄어쓰기 규칙에 따라 쓴다.

					행	복	한		나	라				

▶ **소속**(학교 · 학년 · 이름 쓰기) : 제목 밑줄에 쓴다.(아래 참조)

				의	견	을		나	누	어	요			
				○	○		초	등	학	교		4	학	년
												김	도	일

이름은 붙여 쓰는 것이 원칙이나 잘 어울리게 한 칸씩 띄어쓰기도 합니다.

▶ 본문 쓰기 : 이름 밑줄을 비우고 쓰되 첫 칸은 비우고 쓴다.

						현	장		학	습				
			○	○		초	등	학	교		5	학	년	
										정	종	윤		
		버	스 를		타	고		여	주 에		있	는		고	구	마	밭
에		갔	습	니	다 .									
		안	내 를		하	시 던		농	부		아	저	씨	께 서		호	미
외		봉	다	리 를		나	눠		주	셨	습	니	다 .		우	리	는
열	심	히		호	미	질 을		했	는	데	…	… .		

문단이 바뀔 때만 첫 칸을 비웁니다. 오른쪽 끝에서 낱말과 낱말 사이를 띄어야 할지라도 첫 칸을 비우면 안 됩니다.

■ **잘 쓴 보기**

| | 낮 | 잠 을 | | 자 | 고 | | 있 | 는 데 | | 초 | 인 | 종 을 | | 누 | 르 | 는 |
| 소 | 리 | 가 | | 났 | 습 | 니 | 다 . |

■ **잘못 쓴 보기**

| | 낮 | 잠 | 을 | | 자 | 고 | | 있 | 는 | 데 | | 초 | 인 | 종 | 을 | | 누 | 르 | 는 |
| | 소 | 리 | 가 | | 났 | 습 | 니 | 다 . |

▶ 큰따옴표와 작은따옴표가 있는 문장은 따옴표가 끝날 때까지 왼쪽 첫 칸을 모두 비운다.

	"	지	민	아 ,		내	일	은		비	가		온	다	고		하	던	데
	그	래	도		체	육	을		하	니 ? "
	"	그	럼	요 ,		강	당	에	서		농	구 를		한	다	고		했
	어	요 . "

▶ **동시 쓰기** : 따옴표와 마찬가지로 동시가 끝날 때까지 왼쪽 첫 칸은 모두 비운다.(연과 연 사이도 한 줄 비운다.)

	포	도		껍	질		문	지	르	면				
	보	라		색	깔									
	내		마	음		문	지	르	면					
	무	슨		색	깔		될	까	?					
	화	날		때	는		울	그	락		푸	르	락	
	부	끄	러	울		때	는							

■ **원고지 오른쪽 끝에 `, . ? ! " " ' '` 가 올 때의 유의점**

▶ **? ! 의 경우 →** 다음 줄 첫 칸에 쓴다.

| | 착 | 한 | | 동 | 생 | 이 | | 어 | 쩌 | 다 | | 이 | 렇 | 게 | | 되 | 었 | 을 | 까 |
| ? | | | | | | | | | | | | | | | | | | | |

▶ **' ' " " 가 있을 때는** 앞의 한 칸을 비운다.

| | ' | 쳇 | ! | | 뭐 | 야 | ? | | 또 | | 엄 | 마 | | 흉 | 내 | 나 | | 내 | 고 |
| ! | ' | | | | | | | | | | | | | | | | | | |

| | " | 그 | 것 | 을 | | 벌 | 써 | | 하 | 다 | 니 | | 참 | | 부 | 지 | 런 | 하 | 네 |
| ! | " | | | | | | | | | | | | | | | | | | |

▶ **. , 를 원고지 오른쪽 끝에 쓸 경우 →** 한 칸에 쓴다.

| | 그 | 래 | 서 | | 영 | 이 | 는 | | 엄 | 마 | 개 | 미 | 를 | | 놓 | 아 | 주 | 었 | 다. |

| | 한 | 낮 | 이 | | 되 | 어 | 도 | | 동 | 생 | 이 | | 돌 | 아 | 오 | 지 | | 않 | 자, |
| 엄 | 마 | 는 | | 걱 | 정 | 을 | | 하 | 셨 | 습 | 니 | 다 | . | | | | | | |

꼭 알아 둘 원고지 표기

■ 숫자와 알파벳 쓰기

① 로마 숫자, 알파벳 대문자 그리고 낱자로 된 아라비아 숫자와 알파벳 소문자는 한 칸에 한 자씩 쓴다.
② 두 자 이상의 아라비아 숫자나 알파벳 소문자는 한 칸에 두 자씩 쓴다.

■ 문장 부호 쓰기

① 문장 부호도 한 글자로 취급하여 한 칸에 하나씩 표시한다.
② 물음표, 느낌표 등의 문장 부호 다음은 한 칸씩 띄어 쓴다.
③ 줄표(—)는 두 칸을 차지한다.
④ 줄임표(……)는 한 칸에 석 점씩 찍는다.
⑤ 문장 부호, 숫자, 알파벳 등이 연이어 쓰일 때는 각각 다른 칸에 쓴다.
⑥ 줄 끝에서의 부호 처리
  − 글자가 오른쪽 끝 칸을 차지하여 문장 부호를 찍을 칸이 없을 때는 끼움표(∧) 속에 처리한다.
  − 따옴표나 묶음표와 같이 두 부호가 마주 한 짝을 이룰 때는 줄 끝에서 시작되는 것을 피하여 끝의 칸을 비우고 다음 줄 첫 칸부터 부호를 처리해도 된다.

모든 글과 문장에는 정확한 맞춤법이 필요해요. 아무리 훌륭한 글이라도 띄어쓰기나 맞춤법이 틀리면 좋은 인상을 주지 못합니다. 의미 전달이 어려울 뿐만 아니라 글이 정돈되지 못한 느낌을 준다는 것, 명심해 두어요.

띄어쓰기 맞춤법을 정확히 익혀요
- 평소에 교과서의 띄어쓰기와 맞춤법을 눈여겨 잘 익힌다.
- 예측하기 어려운 띄어쓰기 → 맞춤법, 띄어쓰기 검사기를 활용한다.
- 맞춤법을 정확히 하려면 국어사전을 찾아보는 습관을 지닌다.

제3장
인용할 글은 어디에서 찾나요?

1 매체를 통해 자료 활용하는 법

　진실을 뜻하는 '팩트'와 가상을 뜻하는 '픽션'이 합쳐진 영화를 팩션 영화라고 합니다. 요즘 역사 비틀기, 팩트+픽션, '팩션' 영화들이 많이 개봉되고 있습니다. 텔레비전 드라마에서도 자주 만날 수 있지요. 〈뿌리 깊은 나무〉, 〈해를 품은 달〉 등 드라마에선 이미 일반화되어 시청자들의 많은 사랑을 받았어요.
　역사 비틀기를 우리는 영화에서도 자주 만납니다. 실존 인물인 세종 대왕, 링컨 대통령 등 역사 이야기에 기상천외한 상상력을 가미한 팩션 영화가 나오고, 상상 이상의 스토리가 전개됩니다.
　영화나 드라마, 소설을 잉태하는 작가나 소설가는 자신의 상상력을 결합시켜 역사를 창조적 시각으로 재구성할 수 있는 자유로움을 가진다고 해요. 여러분도 '팩션' 도전으로 재미있는 글쓰기를 해 보아요.
　팩션으로 영화를 찍은 영화감독이자 제작자인 티무르 베크맘베토브는 "모든 감독들은 기존에 다뤄진 적 없는 특별한 소재로 영화를 만드는 걸 꿈꿉니다. 역사 속 실재 인물의 숨겨진 이야기인 듯 가장해 더욱 호기심을 자극하는 팩션 영화. 역사의 철저한 고증과 재현이 관객을 극에 몰입시킨다면, 예술적 상상력의 참신한 연출력은 흥행을 좌우하는 기준이 될 것으로 보입니다."라고 말했다고 합니다.

더 생각해 보기 위와 같이 기존에 다루어진 적 없는 특별한 소재로 영화를 만드는 이유는 무엇일까요?

_____

_____

여러 매체를 통해 자료 활용하기

몇 해 전 고용노동부 페이스북에서는 드라마에 등장하는 인물을 활용하여 실업 금여 제도를 쉽게 설명해서 눈길을 끌었습니다. 시청률 40%를 넘나드는 인기 드라마에서 해고를 당한 실직자를 우연히 본 고용부 장관은 "비슷한 처지에 놓은 전국의 실직자들에게 고용부에서 운영하는 '고용 보험 실업 급여'란 제도를 알려 주면 좋겠다."란 생각을 했다고 합니다. 그래서 고용부 공식 페이스북(http://www.facebook.com/#!/moel.tomorrow)에 "권고사직으로 퇴직한 방정배 씨, 가까운 고용 센터에 방문하시거나 인터넷을 통해 실업 급여 신청하길 바란다."고 글을 올렸었지요.

이 드라마를 계기로 고용노동부는 실업급여에 대한 정보를 상세히 안내하였습니다. 또한 고용 센터를 방문하면 '중장년층 새 일 찾기 프로젝트'에도 참여할 수 있고, 취업 상담과 집단 상담, 취업 활동 계획 수립 등 단계별 프로그램에 참여하여 더 좋은 일자리를 찾을 수 있다."고 고용노동부의 역할을 알렸습니다.

관심을 가지면 자료를 활용할 수 있는 방법은 참으로 다양합니다.

2 인용을 활용한 글쓰기

　생각이나 느낌을 잘 드러내기 위하여 속담, 격언, 명언, 사자성어 등의 옛말이나 유명한 말을 끌어다 쓰는 것을 인용이라고 합니다.
　인용된 속담이나 격언을 찾아봅시다. 또한 격언이나 속담 등을 써 넣어 생각이나 느낌이 잘 드러나게 글을 써 봅시다.

속담이나 명언 등을 넣어 말하기 혹은 글쓰기

▶ (　　　　　)라는 속담이 있듯이~
▶ "가는 말이 고와야 오는 말이 곱다"는 속담처럼~
▶ 발명왕 에디슨은 "천재란 99%의 땀과 1%의 재능으로 이루어져 있다"고 하였다.
▶ 나폴레옹은 "내 사전에 불가능은 없다"고 하였다. 이처럼~
▶ 아버지의 눈을 뜨게 하려고 공양미 삼백 석에 몸이 팔려 인당수에 뛰어든 이야기를 우리는 잘 압니다.
▶ '가랑잎에 불붙기'라는 속담이 있습니다. 쉽게 불이 붙으면 그르쳐 후회할 수 있으니~

활용 방법

▶ 인터넷 사전이나 전자사전을 활용해 보세요.
▶ 여러 가지 사전을 실제로 찾아서 필요한 정보를 얻도록 하세요.
▶ 속담의 뜻을 알아보고 생각이나 느낌을 나타내는 데 알맞은 격언이나 속담을 활용해 보세요.
▶ 특정한 낱말에 관련된 속담을 조사해 보세요. (예 시간, 꿈, 아침, 제비 등)
▶ 사자성어를 공부해 보고 생활과 관련지어 보세요.

속담과 명언을 교과서에서 찾아 활용하기

- 친구가 되려는 마음을 갖는 것은 간단하다. 그러나 우정을 이루기까지는 많은 시간이 걸린다. 아리스토텔레스

- 나는 50년 전부터 꼭 실천하고자 다짐했던 일들을 수첩에 적었습니다. 그동안 하루도 거르지 않고 다짐한 일들을 실천했는지 살펴보고 그 결과를 수첩에 적었습니다. 내가 언제나 행복하게 살 수 있었던 것은 이 수첩 덕분이었습니다. 이것을 다른 사람들에게도 알려 주고 싶습니다. 벤저민 프랭클린

- 모든 사람을 잠시 동안 속일 수는 있습니다. 어떤 사람을 늘 속일 수도 있습니다. 그러나 모든 사람들을 영원히 속일 수는 없습니다. 에이브러햄 링컨

- 세상에는 도움이 되는 벗이 셋 있고 해로운 벗이 셋 있다. 정직한 벗, 성실한 벗, 아는 것이 많은 벗은 도움이 되는 벗이니 가까이하면 유익하다. 그러나 속이 좁은 벗, 아첨 잘하는 벗, 말만 잘하는 벗은 좋지 못한 벗이니 이들을 가까이하면 해롭다. 공자

- 도리에 어긋나는 약속을 해서는 안 된다. 그것을 지킬 수 없기 때문이다. 『논어』

- 집안이 나쁘다고 탓하지 마십시오. 나는 몰락한 가문에서 태어나 가난 때문에 외갓집에서 자라났습니다. 머리가 나쁘다고 말하지 마십시오. 나는 첫 시험에서 낙방하고 서른둘의 늦은 나이에 겨우 과제에 급제하였습니다. 이순신

- 한두 번 실패하거나 성공했다고 해서 그 일로 슬퍼하거나 기뻐하는 것은 어리석습

니다. 인생에서 가장 중요한 것은 지금 하는 일에 집중하면서 언제나 변함없이 자신의 생각을 지켜 나가는 것입니다. **도스토옙스키**

● 큰 나무는 가느다란 가지에서 시작되고, 10층의 탑도 작은 벽돌을 하나씩 쌓아 올리는 것에서 시작된다. 마지막에 이르기까지 처음과 마찬가지로 정성을 기울이면 어떤 일도 해낼 수 있다. **노자**

● 정직과 성실을 벗으로 삼아라. 아무리 친한 벗이라 해도 너의 정직과 성실만큼 널 돕진 못할 것이다. **벤저민 프랭클린**

● 성실함은 만물의 시작이자 끝이다. 성실하지 않으면 만물은 존재하지 않는다. **『중용』**

● 부지런히 일하는 것은 더없이 귀중한 것이요 모든 일에 정성을 다하는 것은 자신의 몸을 보호하는 것이다. **『명심보감』**

● 매일매일을 위대하게 살아라. **『성공하는 사람들의 7가지 습관』**

● 바탕이 성실한 사람은 항상 편안하고 이익을 보지만, 방탕하고 사나운 사람은 언제나 위태롭고 해를 입는다. **순자**

● 누구나 화를 내기는 쉽다. 그러나 적당한 사람에게, 알맞은 정도로, 합당한 때에, 옳은 목적을 위해서, 적절한 방법으로 화를 내는 일은 쉽지 않다. **아리스토텔레스**

● 황금 천 냥이 귀한 것이 아니라 남의 말 한마디 듣는 것이 천금보다 낫다. **『명심보감』**

● 남이 보지 않는 곳에서도 늘 신중하고 바르게 행동해야 한다. **『중용』**

● 다른 사람을 사랑하기 위해 노력하였으나 친해지지 않는다면 너의 인내, 참을성을 생각해 보아야 하는 것이다. **맹자**

● 팔백 금으로 집을 사고 천 금으로 이웃을 산다. 이웃은 나의 기쁨을 두 배로 만들고 슬픔을 반으로 만든다. **한국의 전통 속담**

● 잘못된 줄 알면서도 고치지 않으면 그것이야말로 진정한 잘못이다. **공자**

- 하나의 목적에 자신의 온 힘과 정신을 다해 몰두하는 사람만이 진정 탁월한 사람이다. **아인슈타인**

- 무엇이든 넓게 경험하고 깊이 파고들어 스스로를 귀한 존재로 만들지어다. **세종대왕**

- 꿈꾸는 것이 가능하다면 그 꿈을 실현하는 것도 가능하다. 이 모든 것이 작은 생쥐 하나로 시작됐다는 것을 기억하라. **월트 디즈니**

- 책임이 있는 사람은 역사의 주인이요, 책임이 없는 사람은 역사의 손님이다. **도산 안창호**

- 남을 행복하게 할 수 있는 사람만이 행복을 얻을 수 있다. **플라톤**

- 옳은 일을 보고도 행동하지 않는 것은 용기가 없기 때문이다. **「논어」**

- '화'는 보살핌을 받아야 할 우는 아이와 같습니다. 우리는 '화'라는 아이의 어머니입니다. **틱낫한**

다음 인용한 말을 넣어 쓴 글을 살펴봅시다.

난 살릴 수 있어 모두를
영화 〈태양의 제국〉을 보고

"큰일이다. 코로나19가 심각하다."
매시간 뉴스가 뜨겁게 보도되고, 마스크 없이는 외출도 무섭다. WHO(세계보건기구)도 국제 비상사태를 선포했다. 그래서 방학 중에 가기로 한 영화관 대신 집에서 〈태양의 제국〉이라는 영화를 봤다. 감독은 스티븐 스필버그이며, 주인공이 내 또래여서 이야기가 궁금해졌다.

중국과 일본이 선전 포고 없는 전쟁을 치를 때의 일이다. 소년 제이미는 중국에 큰 공장을 가진 아버지를 따라 상하이에서 부족함 없이 살고 있었다. 어느 날 글라이더를 날리던 제이미는 일본군이 진주만을 공격하려고 상하이 근처에서 기다리는 것을 목격한다. 전쟁을 예감한 외국인들은 본국으로 떠나고 있었지만 머뭇거리는 사이 일본군이 상하이를 공격했다. 그리고 다급하게 피란을 가던 제이미는 부모님을 잃어버리고 만다.

힘든 도피 생활을 하던 제이미는 빈집에서 혼자 버티다가 잡혀 포로수용소로 들어간다. 먹을 것이 부족했던 제이미는 쌀벌레까지 먹었다. 끔찍해서 "죽은 벌레를 어떻게 삼키지?" 하고 소리쳤다. 수용소 학교가 문을 닫자 걱정하는 빅터 부인에게 제이미는 '인생 대학도 공부'라며 오히려 위로한다. 나는 내 또래인 제이미를 보고 살아남으려면 어떤 일도 할 수 있다는 것을 배웠다.

연합군의 폭격에 비행장과 막사가 폐허가 되자 화가 난 나가타 병장이 포로들을 폭행했다. 재빨리 무릎을 꿇은 제이미는 머리를 조아리며 일본 말로 "죄송합니다! 죄송합니다!" 하고 말하며 나가타 병장의 분을 누그러뜨렸다. 그 덕분에 맞고 있던 의사도 크게 다치지 않았다. 제이미의 순간적인 기지에 감탄이 절로 났다. 빅터 부인이 "전쟁은 시작과 끝이 가장 위험하다."고 말했을 때는 그 의미를 곰곰이 생각해 보았다.

먹을 것이 없어진 일본군은 포로들을 데리고 다른 곳으로 이동한다. 그 과정에서 많은 사람이 목숨을 잃었다. 결국 찾아간 곳에서도 먹을 것을 구하지 못하고 다시 이동하는데 제이미는 살아남기 위해 빅터 부인에게 죽은 척을 하자고 했다. 하지만 다음 날 빅터 부인이 정말 죽어 있었다. 그때 갑자기 하늘에서 하얀 빛이 나타났다. 빅터 부인이 하늘나라로 가는 빛인 줄 알았는데 일본 땅에 원자폭탄 2개가 투하된 것이었다. 결국 일본은 항복하고 전쟁은 끝났다.

가장 마음이 울컥했던 장면은 포로수용소에서 만난 일본인 소년병이 망고를 칼로 베어 주려고 할 때였다. 하필이면 제이미를 아끼던 포로 대장 베이시가 그 장면을 오해하고 소년병에게 총을 쐈다. 놀란 제이미는 울부짖으며 "내 친구를 죽였다!"고 발버둥쳤다. 제이미가 심폐 소생술로 소년병의 가슴을 압박하며 "난 살릴 수 있어, 모두를" 하고 중얼거릴 때는 눈물이 났다.

부모님 얼굴을 잊을 정도로 죽을힘을 다해 버틴 포로수용소 생활 3년. 끝까지 희망을 잃지 않은 제이미에게 큰 박수를 보낸다. 감동이 오래 남아 다시 한번 더 영화를 돌려 보았다. 이 영화는 이미 "1인치 자막의 장벽을 넘은 영화"다!

(오지훈, 6학년)

유의하며 읽어 볼 점

- 압축한 제목이 모두에게 희망을 불어넣는다.
- 제목에 글쓴이의 살아 있는 개성이 담겨야 글도 빛이 난다.
- 톡톡 튀는 대화 글을 알맞게 넣어서 생생한 글맛을 살렸다.
- 빅터 부인의 말을 인용했다 '전쟁은 시작과 끝이 가장 위험하다.'
- 봉준호 감독이 "1인치 자막의 장벽을 넘은 영화"라고 한 말을 인용했다.
  (한국 영화 최초로 아카데미 4관왕을 달성한 봉 감독이 '골든 글로브' 시상식에서 수상 소감으로 '1인치 자막의 장벽을 뛰어넘으면 훨씬 더 많은 영화를 즐길 수 있다'고 함. ※ 자막의 장벽은 언어의 장벽을 말함.)

3 독자를 사로잡는 첫 문장

'첫 문장이 중요하다'는 말을 많이 합니다. 그러나 실제로 어떻게 시작해야 좋을지 몰라 어려움을 겪는 어린이가 많습니다. 다음은 '논술 연구반' 어린이들이 찾아본 첫 문장들입니다.

 어떻게 독자를 유혹하는지 잘 살펴보아요.

교과서에서 살펴본 첫 문장

"성미야, 네 사진이 없어졌어."
내가 교실에 들어서자마자 현진이가 호들갑스럽게 말하였다.

아버지께서 아침에 일을 나가시면서 말씀하셨다.
"오후에 진돗개가 올 거다."
갑자기 가슴이 두근거렸다. 이 년 전에 집을 나간 곰돌이가 우리 집 마지막 개였는데, 이제 새 개가 오게 된 것이다.

태어나서 거짓말을 한 번도 해 보지 않은 사람이 있을까? 어떤 상황이든지 누구나

한 번쯤 거짓말을 할 때가 있다.

"어린이들은 모두 시인이다."라는 말이 있다. 그것은 어린이가 쓴 시에 숨어 있는 이야기가 우리의 삶을 솔직하게 표현하고 있기 때문일 것이다.

여러분은 음식물 쓰레기가 얼마나 큰 문제를 일으키는지 알고 있습니까? 날마다 쏟아져 나오는 음식물 쓰레기로 경제적 낭비가 심각합니다.

언제부터인가 무슨 기념일이라고 하여 친구들 사이에 과자나 사탕을 주고받는 일이 생겨났다. 그럴 때면 교실은 시끌벅적해지고 친구들은 과자나 사탕을 나누어 먹으며 즐거워한다.

아침 식사를 한 뒤에 우리는 쇠소깍에 도착하였다. 안내 자료를 보니 쇠소깍은 올레 6코스가 시작되는 곳이고,

"어? 전학 왔다!" 1교시 수업을 마치고 쉬는 시간이 되었다. 그런데 우리 교실이 갑자기 술렁거리기 시작했다.

어젯밤, 숙제를 하느라 늦게 잤다. 일어나 시계를 보니 아무리 서둘러도 지각을 할 수밖에 없는 시각이었다.

도서실에 있는 책에서 살펴본 첫 문장

책 제목 : 파라다이스
지은이 : 베르나르 베르베르
첫 문장 : **날마다 새로운 아이디어가 머릿속에 떠오른다.**

책 제목 : 죄와 벌
지은이 : 도스토옙스키

첫 문장 : 찌는 듯이 무더운 7월 초 어느 날 오후, 한 청년이 자신의 다락방에서 슬그머니 빠져나와 천천히 다리 쪽으로 걸어가고 있었다.

책 제목 : 내 이름은 에이프릴
지은이 : 재클린 윌슨
첫 문장 : 나는 따뜻한 곳에 자리를 잡고 기다렸다.

책 제목 : 쥐돌이의 첫 번째 배낭여행
지은이 : 송현
첫 문장 : 쥐돌이가 사는 서천마을 앞 들판에는 노란 코스모스가 가을바람에 한들한들 춤을 추고 있습니다.

책 제목: 울지 마, 별이 뜨잖니
지은이: 신상웅
첫 문장: 오늘도 나는 수업이 끝나자 곧장 집으로 갔다.

책 제목 : 우동 한 그릇
지은이 : 구리 료헤이
첫 문장 : 해마다 섣달 그믐날이 되면 일본의 가락국숫집들이 일 년 중 가장 바쁩니다.

책 제목 : 난 두렵지 않아요.
지은이 : 프란체스코 다다오
첫 문장 : 그렇다. 난 이크발을 안다.

책 제목 : 양파의 왕따 일기
지은이 : 문선이
첫 문장 : 4학년이 된 지도 벌써 한 달이 지났다.

책 제목 : 마지막 수업

지은이 : 알퐁스 도데

첫 문장 : 그날 아침, 나는 학교에 매우 늦었다.

책 제목 : 900번의 감사

지은이 : 아야노 마사루

첫 문장 : 하늘은 끝도 없이 맑고 푸르게 펼쳐져 있다.

책 제목 : 신

지은이 : 베르나르 베르베르

첫 문장 : "나는 누구인가?"

책 제목 : 15소년 표류기

지은이 : 쥘 베른

첫 문장 : 1860년 3월 9일 밤, 하늘과 바다를 구분할 수 없을 정도로 구름이 짙게 끼어 불과 몇 미터 앞도 잘 보이지 않았다.

책제목 : 해리 포터-아즈카반의 죄수

지은이 : 조앤 K. 롤링

첫 문장 : 해리는 헤르미온느의 말뜻을 충분히 이해할 수 있었지만 그래도 화가 나는 건 어쩔 수 없었다.

책제목 : 공포 버스 2

지은이 : 파울 반 룬

첫 문장 : "꼭 이래야 해? 잘못하다간 개에게 물려 손이 잘릴지도 몰라."

첫 문장 시작의 예

- 설명으로 시작 : 우리 학교는 해마다 수영 대회를……
- 대화 글로 시작 : "여보세요, 네? 정말요?"
- 시간으로 시작 : 어제 저녁이었습니다.
- 장소로 시작 : 2호선 지하철 안에서 일어난 일입니다.
- 주인공으로 시작 : 우리 엄마는 척척박사입니다.
- 속담으로 시작 : '말 한 마디로 천 냥 빚을 갚는다.'라는 말이 있다.
- 의성어로 시작 : '따르릉, 따르릉' 쉴 새 없이 전화가 울렸다.
- 매체(뉴스나 신문, 인터넷, 광고 등)를 통해서 시작 :
  ○○○방송국의 100분 토론에서 금주 토론 주제는 ○○○이었습니다.

첫 문장을 고쳐서 글이 더 잘 읽히도록 한 예문

 고치기 전 글

구룡폭포, 다시 한번

지난 5월 12일 컵스카우트에서 금강산을 다녀왔을 때의 이야기다. 불과 며칠 전의 일이라 통일에 대한 바람이 그 어느 때보다 아주 더 컸다. 금강산 여행을 앞두고 여행을 떠난다는 즐거움보다는 사실 많이 무서웠었다.

'북한' 하면 제일 먼저 떠오르는 건 우리나라와 한 민족이란 사실보다 '공산주의', '가난', '배고픔', '탈북' 무서운 단어만이 먼저 떠오르기 때문이다. 금강산을 못 가 봐서 배가 아픈 우리 오빠의 농담은 더욱 더 나를 무서움에 떨게 했다.

"혜린아, 어쩌면 너희들이 탄 버스 북한에서 안 보내줄지도 몰라."

"만약, 못 돌아오면 어떡하지?"

지금 생각하면 말도 안 되는 우스꽝스러운 이 소리가 얼마나 무서웠는지 모른다. 금강산으로 떠나기 전 자랑 삼아

"오빠, 나 금강산 간다!"

"좋겠다. 나는 한 번도 안 가봤는데. 그런데 엄마, 딸을 북한으로 보내는데 걱정되지 않아요?"
라고 했기 때문이다.

※ 위의 글에서 아래 부분(밑줄 친 부분)을 첫 문장으로 옮겨 독자의 시선을 끌게 함.

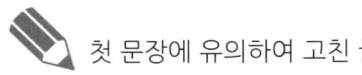 첫 문장에 유의하여 고친 글

구룡폭포, 다시 한번

6학년 ○○○

"혜린아, 어쩌면 너희들이 탄 버스 북한에서 안 보내줄지도 몰라."
"만약, 못 돌아오면 어떡하지?"
지금 생각하면 말도 안 되는 우스꽝스러운 이 소리가 얼마나 무서웠는지 모른다. 금강산으로 떠나기 전 자랑 삼아
"오빠 나 금강산 간다!"
"좋겠다. 나는 한 번도 안 가봤는데. 그런데 엄마, 딸을 북한으로 보내는데 걱정되지 않아요?"
지난 5월 12일 컵스카우트에서 금강산을 다녀왔을 때의 이야기다. 불과 며칠 전의 일이라 통일에 대한 바람이 그 어느 때보다 아주 더 컸다. 금강산 여행을 앞두고 여행을 떠난다는 즐거움보다는 사실 많이 무서웠었다.

'북한' 하면 제일 먼저 떠오르는 건 우리나라와 한 민족이란 사실보다 '공산주의', '가난', '배고픔', '탈북' 무서운 단어만이 먼저 떠오르기 때문이다. 금강산을 못 가 봐서 배가 아픈 우리 오빠의 농담은 나를 무서움에 떨게 했다.

막상 버스에 오를 때는 많은 동생들과 선생님들께서도 함께 동행하는 것에 많은 위안을 삼았다. 거기다 엄마의 응원을 받으니 조금은 두려움이 줄어들었다. 그렇지만 다음 날 아침 북한 CIQ에 도착하자 어제와는 달리 내 마음은 방망이질치기 시작

했다. '두근두근', '화끈화끈' 북한 군복을 입은 군인들을 보자 소름이 확 끼쳤다. 계속해서 부딪히는 뻣뻣하고 무뚝뚝한 말투로

"벨트 풀르라이!"

TV에서만 듣던 북한 말들이 왜 이리 이상하고 무섭게만 들리던지 같은 한국 말이라 말은 알아들을 수 있었지만, 다른 나라 말을 듣는 듯 낯설게만 들려 한 민족이란 생각은 조금도 들지 않았다.

계속해서 관광은 이어졌지만 차갑기만 한 행동과 무뚝뚝한 표정, 말씨, 친근해지지 않았던 것이 사실이었다. 그렇지만 처음으로 북한의 모습을 알 수 있었던 아름다운 경치와 모란봉교예단의 공연을 보고는 정말로 예술이라는 말이 딱 어울렸다.

'와아!' 감탄사가 저절로 나오고 우리나라도 본받을 게 있다는 생각이 들었다. 구룡폭포를 구경할 때에는 어찌나 아름답던지 내 눈이 카메라였으면 좋겠다는 생각이 들었다. 이 아름다움을 모두 찍어서 우리나라 사람에게 모두 보여 주어 우리나라 관광지도 이렇게 깨끗하고 아름답게 꾸몄으면 좋으련만.

예전에는 우리 남한의 자연도 맑고 푸르렀을 텐데 발전을 앞세워 아름다움을 아름답게 지켜 내지 못하고, 맑은 물이 흐르던 강은 공장 폐수가 뒤섞여 흐르고, 푸르던 산은 민둥산이 되어 버렸다.

그동안 강원도 할머니 댁에 갈 때면 항상 그곳이 제일 물도 맑고 산도 푸르다고 느꼈는데 에메랄드빛 물에는 비교가 안 되었다. 이렇게 멋진 경치와 공연을 볼 수 있었던 것은 나에게 행운이었다.

행운이었다는 생각이 드는 건 아직까지 북한을 자유스럽게 왕래할 수 없다는 사실 때문이다. 그렇지만 통일이 되면 행운까지는 아니게 될 것이다. 해외로 여행도 쉽게 가는데 우리나라 안에서 여행이란 더 쉬워질 테니까. 빨리 그날이 왔으면 좋겠다.

하지만 통일이 되기 전 우리는 많은 것을 배워야 할 것이다. 우리나라 내에서도 많은 지방 사투리가 있듯이 북한의 언어도 인정을 해야 하고 그 동안의 생활 환경과 방식이 다르기 때문에 일어나는 일도 많을 것이다.

언제나 우리 것만이 옳다는 생각보단 북한 그들의 생각이 맞을 때도 있다고 인정할 줄 알아야 된다. 그들 쪽에서 보았을 때 우리의 말씨도 우스울 수도 있을 것이고 행동하는 것도 나약하게만 보일 수도 있을 것이다. 그동안 배운 자기만의 방식이 옳다고 우기다가 또 제2의 삼팔선이 생길지도 모른다. 이런 일이 생기지 않으려면 서

로가 서로의 것을 존중해 주고 이해하는 자세를 많이 익혀야 할 것이다.

구룡연에서 봤던 폭포를 다시 한번 보고 싶다. 시원하게 떨어지는 물줄기가 하나가 되듯 남한과 북한도 하나가 되었으면 좋겠다. 가족들과 함께 여름 휴가로 자유스럽게 가는 그날을 손꼽아 기다려 본다.

(민족공동체 글쓰기 대회 최우수상)

4 설득하는 글에서 피해야 할 것은?

첫째, '나'로 시작하는 1인칭 표현은 피한다.
- 논술은 문제를 설정하고, 해결책을 고민하며 대안을 제시하는 진지한 글이므로 설득력을 높이려면 1인칭 표현은 피합니다.
- '나'는 주변 일들에 대해 마음속에 품고 있는 생각들을 표현한 수필 정도의 느낌

으로 끝날 수 있습니다. 의도적으로 사용하는 경우가 아니라면 쓰지 않습니다.

둘째, 지나친 수식어나 과장된 표현은 피한다.
- 과장된 표현은 주제 의식을 흐려 놓습니다. 논술에서 중요한 것은 표현의 기교가 아니고 주제 의식입니다.
- 수식어가 많으면 그 화려함에 주목하느라 중요한 주제 의식에 대한 생각이 가려질 수 있습니다.

셋째, 지나친 강조나 흥분은 금물!
- 논술에서 지나치게 강조를 하거나 흥분을 하면서 감정에 호소하면 오히려 논리가 흐트러지게 됩니다.
- 논술은 주장을 감성에 호소하는 게 아니라 논리로 설득하는 글입니다.

논술문을 쓸 때 꼭 알아 두세요.
- 글씨는 깨끗이 정자로 쓴다.
- 쓰기 전에 충분히 생각하라.
- 문장을 짧게 써라.
- '했다'보다는 '하였다'로 써라.
- 숫자가 필요한 곳에는 반드시 숫자를 넣어라.
- '~으나, ~데' 등의 애매한 표현은 확실한 접속사로 바꿔라.
- '~라고 생각된다, ~라고 느껴진다.' 식의 표현은 정확성이 없다는 인상을 준다.
- '~것 같아요'와 같은 표현은 쓰지 말라.
- 같은 접속사로 길게 연결된 문장을 쓰지 말라.
- 긴 설명이 필요할 때는 그에 어울리는 속담이나 명구를 인용하라.
- '그런데, 아무튼' 등의 접속어는 피하라.
- 남이 자주 쓰지 않는 것을 써라.
- 의식적으로 하나의 입장을 선택하여 쓴다.

5 제시문 논술 활동

제시문 분석형 논술

다음 제시문의 뜻을 파악하여 주제를 찾은 후 나의 의견을 써 봅시다. (1,000자 내외)

개과천선

　중국 진나라에 '주처'라는 사람이 있었습니다. 주처는 남달리 힘이 세고 다른 사람과 자주 싸움을 하였습니다. 그래서 주처는 점점 마을 사람들로부터 좋지 않은 평을 듣게 되었습니다.

　그러던 주처가 철이 들면서 자신의 잘못을 깨닫고 지난 허물을 고쳐서 새사람이 되겠다는 결심을 하였습니다. 하지만 마을 사람들은 그의 말을 믿지 않고 그를 계속 피했습니다. 주처는 마을 사람들에게 어떻게 하면 자기의 말을 믿어 주겠냐고 물었습니다. 마을 사람들은 "남산에 사는 사나운 호랑이와 다리 아래의 용을 죽이면 네 말을 믿어 주겠다."라고 하였습니다. 주처는 목숨을 건 사투 끝에 호랑이와 용을 죽이고 마을로 돌아왔으나 아무도 반갑게 맞이하는 사람이 없었습니다.

　크게 실망한 주처는 마을을 떠나 '육기'라는 학자를 만나 자초지종을 이야기하였습니다. 육기는 "굳은 의지를 지니고 지난날의 잘못을 고쳐서 새사람이 된다는 개과천선이면 자네의 앞날은 무한하네!"라고 주처를 격려했습니다. 주처는 용기를 얻어 이후 10여 년 동안 열심히 학문과 덕을 익혀 마침내 훌륭한 학자가 되었습니다. 그리고 마을 사람들의 어렵고 힘든 일을 도와주고 좋은 일을 꾸준히 실천하여 사람들로부터 많은 존경을 받았습니다.

> **쉽게 주제를 찾고, 개요를 짜려면**
> - 제목을 눈여겨보면 쉽게 주제를 찾을 수 있어요.
> - 내가 쓸 글의 논제를 정하고, 서론, 본론, 결론을 정해요.
> - 주제, 중심 내용, 핵심어는 한 얼굴을 다른 각도에서 보는 것과 같으므로, 중심 내용과 핵심어를 잘 살피며 개요를 짜요.

■ **개요 짜기**

논제 : 진정한 반성

서론(문제 상황) ● 사람은 반성을 통해 더욱 사람답게 성숙함.
　　　　　　　　● 성숙하고 가치 있는 사람이 되려면 진심으로 반성하고 고침.

본론 ● 나의 생활에서 반성할 문제점을 찾아 어떻게 고쳐나갈지를 생각해 봄.
　　● 〈제시문 파악〉 주처라는 사람은 자신의 잘못을 깨닫고 지난 허물을 고쳤으나 아무도 믿어 주지 않음. 그러나 굳은 의지를 가지고 노력하고 학문과 덕을 익혀 훌륭한 학자가 됨.
　　● 공자나 처칠도 진정한 반성은 좋은 약이라고 하였음.
　　● 알고 잘못한 것도 있지만 나도 모르게 잘못한 것도 반성해야 함.

결론 ● 반성은 자기 자신을 돌아보고 거듭날 수 있음.
　　● 반성에 대한 실천 계획을 세워야 함.

■ **논술하기 예시**

진정한 반성

　'하루에 세 번 반성하라.'는 옛 성현의 말이 있습니다. 보다 성숙하고 가치 있는 삶을 사는 사람이 되기 위해서는 진심으로 반성하면서 실천 의지를 가지고 늘 노력해야 합니다. 그리고 반성할 때의 마음가짐을 명심하여 잊지 말아야 합니다.

나의 생활에서 반성할 문제점을 찾아 어떻게 고쳐나갈지를 생각해 봅시다. 잘못된 언어 생활은 없는지, 잘못된 학습 습관은 없는지, 잘못된 친구 관계는 없는지를 알아 자신의 잘못이 쉽게 고쳐지지 않는 이유를 살펴보는 것도 중요합니다.

　제시문에 있는 '주처'라는 사람은 굳은 의지를 지니고 지난 잘못을 고쳐 새사람이 되어 많은 존경을 받은 훌륭한 학자입니다. 제시문의 뜻은 바로 반성한 것을 꾸준히 실천하면 변화된 삶을 살 수 있다는 것입니다.

　공자는 '잘못된 줄 알면서도 고치지 않으면 그것이야말로 진정한 잘못이다.'라고 말했고, 윈스턴 처칠은 '나는 오랜 세월 동안 여러 번 나의 말들에 대하여 반성했다. 그리고 그것이 좋은 약이라는 것을 깨달았다.'라고 말하였습니다.

　잘못한 일을 반성할 줄 알면 그것이 바로 자신을 격려하는 일이라는 것을 우리는 옛 성현의 말을 통해 잘 알 수 있습니다. 반성하지 않으면 잘못된 점과 실수를 알지 못하기 때문입니다.

　우리는 알고 잘못한 것도 있지만 나도 모르게 잘못한 것도 많습니다. '내가 일부러 그런 것도 아닌데······.'라고 생각할 수도 있지만 '자신도 모르고 한 잘못'도 '알고 한 잘못'과 다르지 않습니다. 남에게 피해를 주었다면 사죄하고 반성해야 합니다. 나도 모르게 한 잘못도 반성할 수 있다면 나의 생활은 바람직하게 더욱 발전할 것입니다.

　반성이란, 잘못이나 부족함을 깨닫는 것뿐만 아닙니다. 그것을 고치고 더 잘하기 위하여 마음을 다지고 노력하는 것입니다. 늘 말과 행동, 생활 태도를 되돌아봅시다. 잘한 것은 더욱 발전시키고 잘못한 것은 진심으로 반성하고 고쳐 나가도록 합시다. 진정한 반성을 통해 잘못한 일을 다시 하지 않도록 합시다.

(이두섭, 5학년)

논제 파악할 때 유의할 점
- 제시문을 바르게 파악해야 글의 방향을 잘 잡을 수 있어요.
- 먼저 해야 할 일은 지시문이 무엇을 쓰라고 하는지 바르게 아는 것이에요.

복합 제시문 분석형 논술

다음 제시문 (가)를 읽고 고쳐야 할 점이 무엇인지 찾고, 제시문 (나)의 주제와 견주어 제시문 (가)의 민수가 친구 A와 B에게 어떤 말을 해 주어야 할지 의견을 쓰시오. (1,000자 내외)

(가) 민수는 외국에서 전학 온 마이클과 친하게 지냈습니다. 마이클은 적극적이고 밝은 성격으로 다른 친구들과도 금방 친해졌습니다. 하지만 A와 B는 마이클을 싫어했습니다. 그러던 어느 날, C가 민수에게 조용히 이야기하였습니다.
"민수야, 우리 학교 누리집에서 마이클에 대해서 좋지 않게 쓴 글 봤니?"
민수는 방과 후 집에 도착하자마자 학교 누리집 게시판을 살펴보았습니다.
게시판에는 정말로 마이클에 대한 글과 댓글들이 있었습니다.

A : 마이클네 나라에는 이상한 것도 음식으로 먹는대. 생각만 해도 속이 거북해.
B : 마이클네 나라는 우리나라보다 못산대. 마이클도 가난할 거야.

다음 날 민수는 마이클을 만나 물어보았습니다.
"너 혹시 게시판에서 너에 대해 쓴 글 봤니?"
"응, 봤어. 사실과 다른 것이 있는데……. 나도 댓글을 달고 싶었지만 그러면 또 다른 댓글들이 생길까 봐……."
마이클은 말끝을 흐렸습니다. 마침 A와 B가 민수에게 다가오고 있었습니다.
민수는 두 친구에게 어떤 말을 할지 고민하였습니다.

(나) 편견이란,
- 공정하지 못하고 한쪽으로 치우친 생각.
- 다른 사람을 오해하고, 믿지 못하고 상처를 주는 것.
- 무지와 부정확한 지식, 익숙함과 친숙함, 잘 알고 있다는 착각에서 생겨남.
- 나만 옳다는 생각, 자만 등에서 생겨남.

■ 논제 파악하기

　지시문에는 먼저 제시문 (가)에 나오는 A와 B의 고쳐야 할 점을 찾으라고 하였습니다. '편견을 버리면 다른 세상이 보인다.'라는 격언처럼 사람들은 서로 다른 문화를 가지고 생활하는 경우가 많은데, (가)의 글은 '한쪽의 시각으로만 다른 쪽을 비난하면 옳지 않다'는 뜻을 가진 제시문이라고 할 수 있습니다.
　제시문 (나)에서는 편견이란 무엇인가를 예로 들었습니다. 즉 주제는 편견을 버리자는 뜻입니다.
　그래서 제시문 (가)에서 A와 B는 '다른 문화에 대한 편견을 극복하자' 또는 '함께 더불어 살아가는 세상' 쪽으로 주장을 해야 합니다.

> 복합 제시문이란, 둘 이상의 제시문이 있는 논술을 말해요. 위에서는 글 (가), 글 (나)의 제시문을 읽고 분석하여 논술합니다.

■ 개요 예시

논제 : 다른 문화에 대한 편견을 극복하자.

서론(문제 상황)
- 세계 여러 나라 사람들의 교류가 활발해졌다.
- 다문화 가정이 늘어나고 여러 가지 문제가 생겨나고 있다.

본론
- 다문화에 대해서 이해하는 자세를 지녀야 한다.
- 입장을 바꾸어 다른 나라를 바라볼 수 있어야 한다.
- 문화가 다르다고 인정하지 않고 무시하면 안 된다.
- 〈제시문 파악〉 마이클은 많은 상처를 받았을 것이다.
- 다른 나라 사람들의 문화도 소중히 여겨 주어야 한다.

결론
- 서로 존중하고 창의성을 발휘하는 나라는 발전한다.
- 편견을 버려야만 함께 발전하고 행복해진다는 것을 명심하자.

■ 개요를 바탕으로 논술하기

다른 문화에 대한 편견을 버려요

만약 해외에서 한국인이기 때문에 차별을 당하고 무시당한다면 어떤 기분일까요? 세계 여러 나라들과 교류가 활발해지면서 우리나라도 다문화 가정의 비율이 점점 높아지고 있습니다. 다문화 사회에서 더불어 살아가려면 서로를 배려하는 올바른 태도를 가져야 합니다.

우선 다른 문화를 마음으로부터 이해해야 합니다. 그러기 위해서는 세계 여러 지역의 낯선 문화를 접할 기회를 많이 가지는 것이 중요합니다. 즉, 다른 문화에 대해 공부하고 바른 판단을 하며, 편견을 극복하려는 노력이 필요합니다.

입장을 바꾸어 다른 나라 사람이 되어 우리의 편견이 무엇인지도 바라볼 수 있어야 합니다. A가 '마이클네 나라에는 이상한 것도 음식으로 먹는대. 생각만 해도 속이 거북해.'라고 말하였습니다. 이것은 외국인이 우리에게 '한국 사람들은 지독한 마늘 냄새가 나서 옆에 있으면 구역질이 나.'라고 말을 하는 것과 마찬가지입니다.

예를 들어 예전의 에스키모는 날고기를 주로 먹었습니다. 그것은 그 사람들이 불을 사용하지 못하는 미개인이어서가 아니라 그것이 그들 조상들로부터 대대로 내려오는 건강의 비결이었기 때문입니다.

제시문 (가)와 (나)에서도 알 수 있듯이 누리집 게시판을 본 마이클은 마음의 상처를 크게 받았을 것입니다. 우리의 문화를 소중히 여기듯 다른 나라 사람들의 문화도 소중히 여겨 주어야, 우리 문화도 존중받고 서로 상처를 주지 않게 됩니다.

만약 A와 B가 열린 마음으로 마이클 나라의 문화에 대해 궁금하게 생각하고 물어보았다면 어땠을까요? 마이클이 경제적으로 부유하지 못한 나라에서 왔다고 무시하지 않고, 그 나라의 좋은 점을 찾아서 칭찬을 했다면 더 좋았을 것입니다.

'편견을 버리면 다른 세상이 보인다.'는 격언이 있습니다. 세계 여러 나라와의 교류가 활발한 이 시대에는 서로 존중하고 창의성을 발휘하는 나라들이 발전합니다. 다른 문화에 대한 편견을 버려야만 함께 발전하고 행복해진다는 것을 명심합시다.

(전상현, 6학년)

나의 논술 스스로 첨삭하여 완성하기

■ 글을 완성하기 전, 꼭 해야 할 첨삭 활동!

구분	첨삭 관점	보완, 체크
1	내용을 정확히 이해하고, 분석하고 있나요?	
2	주제가 선명하고, 처음, 가운데, 끝부분으로 나누어져 있나요?	
3	논제와 연관 지어 썼으며 끝부분까지 서로 통하게 서술되었나요?	
4	의견에 대하여 뒷받침할 만한 이유나 근거를 정확히 제시하고 있나요?	
5	구체적이고 실현 가능한 해결책인가요?	
6	주제에 대하여 자신의 의견이 확고한가요?	
7	맞춤법에 어긋난 글자는 없으며, 글자 수에 맞게 썼나요?	
8	적절하지 못한 낱말이나 문장은 없나요?	
9	남과 다른 생각으로 내 주장을 뒷받침하였나요?	
10	알맞은 속담이나 고사성어, 명언 등을 이용하였나요?	

내가 쓴 글을 체크한 결과 적어 보기(예시)

■ 수정이 필요한 경우는 구체적인 사항을 기록합니다.

- ▶ 글이 지루하게 읽힘.(읽는 사람이 호감을 가질 수 있는 문장이 필요!)
- ▶ 중복되는 말과 적절하지 못한 문장이 많아 논리적이지 못함.
- ▶ 인용하는 말이 없으니 주장의 뒷받침이 약함.

쓴 글을 보여 주고 느낌을 나누어요

제4장
신문을 활용한 논술력 키우기

1 사설과 칼럼, 어떻게 활용하나요?

아빠와 토글토글

"아빠, 사설이나 칼럼을 읽어 두면 좋다고 하는데 솔직히 너무 어려워요."
"당연히 어렵지! 특히 정치나 경제에 관한 사설은……."
"그런데 뭘 읽으라고 하는 거죠?"
"우선, 내가 관심을 가지고 있는 것부터 읽어 보렴."
"아, 그러니까 「"나도 좋은 일 해 보고 싶었다"는 꿈 이룬 청소 아주머니」, 「욕설 범벅 청소년, 대중문화 제작자들이 책임 느껴야」, 「방탄소년단 '다이너마이트' 가사 한국어」 또 환경 칼럼 「원전이 우리에게 주는 이득과 손실」은 아주 쉽게 읽었어요."
"그래, 바로 그거야! 내가 이해하고 흥미를 가지고 읽는 게 무엇보다 중요해."
"원전 이야기는 마침, 숙제의 정보를 얻는 데 매우 유익했어요."
"그렇지! 이슈가 되는 문제를 알 수 있고, 공부의 힘도 키워 주지."
"생각이 자란다는 거죠?"
"의견 기사는 사회를 바라보는 눈을 키워 주고 세상의 흐름을 알게 한단다."

"와, 눈길도 안 가던 사설 코너! 이제는 제목부터 먼저 읽어 보아야겠어요."
"제목만 읽어도 내용을 대강 짐작할 수 있지."
"좋은 정보 고맙습니다! '생각을 바꾸면 보인다.'는 말 기억할게요."
"아빠는 네가 읽는 즐거움을 먼저 가졌으면 좋겠어!"

사설과 칼럼을 구별해 보아요

구분	사설	칼럼
같은 점	• 의견 기사 • 사건에 대한 견해나 의견을 적극적으로 제시	• 의견 기사 • 사건에 대한 견해나 의견을 적극적으로 제시
다른 점	• 신문사의 공식적인 견해 • 집필자의 이름을 밝히지 않음.	• 필자의 개인적 의견 • 이름을 밝히고 사진을 게재하기도 함. • 사설에 비해 문장을 이해하기가 더 쉬움.

초등학생 수준에 맞는 사설과 칼럼을 학습해 보는 방법

■ 신문에서 사설, 칼럼 읽기

▶ 글쓴이의 주장과 근거 찾기
▶ 근거의 적절성 파악하기
▶ 제시된 근거 외의 다른 근거 찾아 발표하기

■ 토론하기

▶ 글쓴이의 주장에 대해서 찬반 토론하기
▶ 토론한 내용을 토대로 하여 논리적으로 글쓰기

■ 관점이 다른 사설 비교해 보기

▶ 관점이 다른 사설 2~3개를 읽고 비교, 분석하기
▶ 서로 다른 사설의 관점을 각각 다른 이유 말해 보기

■ 내용 전개 파악하기

▶ 글의 처음, 가운데 부분, 끝 부분을 찾기
▶ 처음 단계에서 문제를 제시하는 방법 알기
▶ 가운데 단계에서 주장을 펼치는 방법 알기
▶ 끝 단계에서 주장을 마무리하는 방법 알기

신문 사설을 읽으며 살펴볼 점

▶ 이 사설에서는 어떤 주장을 했나요?
▶ 글의 구성을 나누고, 주장과 근거가 명확한지 살펴보아요.
▶ 각 문단에서 중심 내용과 뒷받침 문장을 찾아요.

▶ 근거가 적절한가요?
▶ 다른 근거도 있는지 생각을 확장해 보아요
▶ 어려운 용어는 알아보고 글의 내용을 이해해요.

신문 한 부가 300쪽 분량의 책 한 권과 맞먹는 내용을 담고 있다는 걸 알고 있나요? 그만큼 뉴스 속에는 다양한 정보가 녹아 있답니다. 또한 사설에서는 주장하고 싶은 것이 무엇인지 어떻게 주장했는지 살펴보아요. 여러 가지 이슈 자료도 살펴보고(저탄소 전기를 생산하는 방법, 변이 바이러스 확산 등), 토론을 하거나 논술할 때 나의 생각을 정리할 자료를 찾아보세요. 신문은 국어, 사회, 과학, 도덕, 음악, 미술 등 모두 교과와 관련된 통합논술의 창고입니다.

2 신문을 활용한 토론 및 논술

신문을 활용하는 토론

신문을 활용하여 토론 학습을 하면 여러 가지 좋은 점이 있습니다. 사회적으로 이슈가 되고 있는 시사 문제에 쉽게 접근할 수 있고, 어린이들이 흥미 있어 하는 문제를 쉽게 찾을 수도 있기 때문입니다.

■ 신문 내용 선택하기

▶ **사진** 크기가 크고, 표정이 다양한 인물 사진이나 의미 있는 사건의 사진
▶ **기사** 자신의 의견을 세울 수 있고, 학생들의 관심을 끌 수 있는 기사
▶ **광고** 과대 광고나, 허위 광고의 논쟁거리가 들어 있는 광고
▶ **표, 그래프** 토론에 대한 주장의 근거로 삼을 수 있는 자료

논제를 정해 토론하고 논술하기

논제 : 원자력 발전소 재가동이 필요하다

■ 논제 탐색하기

의견	주장하는 이유
재가동을 해야 한다	• 철저하게 관리하고 있으니 위험하지 않다. • 전력 생산 비용이 다른 화석 연료보다 적게 들어 경제적이다. • 전기 없이는 하루도 살 수 없는 게 요즘인데 사고를 우려해서 가동을 안 할 수는 없다. • 원자력 발전소가 활성화되면 일자리가 늘어 지역 경제에도 도움을 준다. • 무공해 에너지다. 석탄이나 석유를 사용하는 화력 발전소에서 배출되는 아황산가스는 산성비를 내리게 하여 온난화 등 지구 전체의 환경 오염이 심각하다.
재가동은 안 된다	• 우리나라 원자력 발전의 역사가 50년(1971년 착공됨)이 넘는데 작은 사고는 물론 큰 사고가 벌써 여러 번 일어났다. • 원자력 발전의 원료인 우라늄을 전량 수입해야 하고 또한 건설 비용이 많이 들어 더 비싸다고도 할 수 있다. • 원자력 발전소는 그 자체가 핵 폐기물이다. 불안하다. • 생물체가 방사능이나 오염된 물질에 노출될 경우 치명적이다. 즉 우리의 생명을 위협한다. • 일본 후쿠시마 원전 사고 이후, 일본과 독일은 원자력 발전소 수를 줄여 나가고 있다.

■ 생각 펼치기

절전하며 여름에는 시원하게 지내는 방법과 겨울에는 따뜻하게 지내는 방법을 알아보아요.

■ 논술하기

위의 기사 내용과 논제 탐색을 읽어 보고 논술해 보아요.
우리가 실천 가능한 소비 전력 줄이는 방법은 어떤 것이 있나요?

■ 더 알아보기

우리나라에서 원자력 대신 사용 가능한 에너지는 어떤 것이 있을까요?

3 기사와 에세이를 읽고 느낌 표현하기

기사를 읽고 쓴 글 살펴보기

날개에서 품개로

오늘은 새롭고 참 낯선 단어를 만났다. '품개'라는 단어다. 우리 시대 최고 지성으로 꼽히는 이어령 전 문화부 장관이 이 말을 지어 50년 뒤를 이을 젊은 세대에게 화두로 던졌다. 그는 지난 5일에 봉인한 타임캡슐에 "날개에서 품개로"라는 제목의 한 장 분량의 편지를 넣었다.

이어령 전 장관은 이 편지에서 "날개는 날기 위해서만 있는 것이 아니다. 둥지 속에서 알을 품고 있는 날개는 날개가 아니라 '품개'"라고 하였다. 날개를 한쪽의 쓰임만 본 것이 아니라 다른 관점과 시선으로 본 것이다. 따라서 이 '품개'라는 단어도 나와 다르다는 것을 부정하거나 밀어내지 말고 품자는 뜻이다.

보통 사람들은 자신과 다른 것을 보게 되면 "그것 틀렸네, 아닌데"라고 생각하기 일쑤다. 하지만 그것은 틀린 게 아니라 다른 것이라고 이해해야 한다. "나와 다른 것과 싸우지 말고 품어라." 이렇게 그가 남기고자 하는 메시지는 미래 세대에 갈등과 분열을 뛰어넘은 화합을 기대하는 것이다.

이어령 전 장관이 '품개'를 강조하는 이유는 행복은 서로 감싸 주는 곳에 있다는 뜻이기도 하다. 그만큼 우리 사회는 나와 다름을 인정하지 않아 혼란이 생기고 다툼이 종종 일어난다. 서로 존중하고 품어 주면 세상은 훨씬 더 평화로울 것이다. '유토피아'는 멀리 있는 것이 아니다.

요즈음 코로나19가 1년째 지속되면서 사람들이 힘들고 지쳐 가고 있다. 이 때문에 우울증이나 신경쇠약에 걸린 사람이 늘어 가고 있다고 한다. 조금만 의견이 엇갈려도 짜증을 내고 예민한 반응을 보인다는데 이 '품개'로 여유를 가졌으면 한다.

"나와 다른 것과 싸우지 말고 품어라." 참 좋은 말이다.

(○○○, 6학년)

■ 글의 짜임

1문단 : 이어령 씨가 타임캡슐에 넣은 새롭고 낯선 단어를 만남.
2문단 : 알을 품고 있는 날개는 날개가 아니라 '품개'라고 함.
3문단 : 메시지는 갈등과 분열을 뛰어넘은 화합을 기대하는 것.
4문단 : 서로 존중하고 품어 주면 세상은 훨씬 더 평화로울 것.
5문단 : 이 '품개'로 여유를 가졌으면 함.
※ 짜임이 잘 된 글은 전달력이 좋습니다.

신문 기사를 읽고 일기장에

품고 있는 날개 '품개'

이어령 전 장관님 안녕하세요.

저는 서울 ○○ 초등학교 3학년 김지호라고 합니다. 오늘 신문에서 장관님이 만드신 '품개'라는 단어에 대한 기사를 보았어요. 우리 시대 최고의 지성으로 꼽힌다고 소개되신 걸 보고 정말 대단하신 분인 것 같았어요.

그런데 '품개'라는 낱말의 뜻을 보고는 더 깜짝 놀랐어요. "날개는 날라고만 있는 것이 아니다. 알을 품고 있는 날개는 날개가 아니라 품개다."라고 하시는 부분은 너무 아름답고 지혜로웠기 때문이에요.

　　조선일보 100주년 타임캡슐에 넣었으니 50년 후에는 열어 보겠네요. 2070년이면 제가 60살이에요. 그때 꼭 기억하도록 이 기사를 머릿속에 간직할게요. 아름다운 말이 이렇게 저를 감동시켰어요. 때가 되어 타임캡슐을 열어 보면 어른, 아이 모두 감탄하겠지요?

　　만드신 단어 '품개'는 정말 멋있어요. 개학하면 친구들에게 장관님께서 만드신 단어 '품개'에 대해 알려 주려고 해요. 저도 장관님처럼 깊이 생각하는 사람이 되도록 노력하겠습니다.

　　2020. 11. 11. 박사님을 존경하는 지호 올림

(김지호, 3학년)

 특징을 살펴볼까요.
생각과 감동이 잘 전달되어 있다.
새로운 낱말 '품개'의 의미를 정확히 이해하고 있다.

신문 에세이를 읽고

말 17마리를 자식에게 물려줄 때…… 수학이 모르는 지혜

　　'한국 문예 학술 저작권 협회'라는 기관이 있다. 누군가의 글을 옮겨 사용하고 싶은데 저자와 직접 연락하기 어렵기 때문에 대행해 주는 기관이다. 나도 저자로서 그 회원의 한 사람이다.

　　나는 비교적 많은 글이 전재되는 편이다. 그중에서 지난 몇 해 동안 예상 외로 널리 인용되는 글이 하나 있다. 세계적으로 유명한 우화(寓話)이면서 내가 간추려 '수학이 모르는 지혜'로 알려진 글이다. 아마 유례가 없을 정도로 많은 독자를 차지한 글인 것 같다.

　아라비아에 한 상인이 있었다. 늙어 임종이 가까워졌다는 것을 감지한 상인은 아들 셋을 불러 모으고 유언을 했다. "너희에게 물려줄 재산으로 말 17마리가 있는데 내가 죽거든 큰아들은 그 2분의 1을 가져라. 둘째는 17마리의 3분의 1을 가져라. 그리고 막내는 9분의 1을 차지하라"고 말했다.

　부친의 사후에 큰아들은 말 9필을 갖겠다고 했다. 그 얘기를 들은 두 동생은 그것은 아버지의 유언인 2분의 1을 초과하기 때문에 안 된다고 반대했다. 둘째는 나는 3분의 1에서 손해를 볼 수는 없으니까 6마리를 가져야 한다고 고집했다. 형들의 욕심을 알아챈 막내는 나도 한 마리로 만족할 수 없으니까 9분의 1은 좀 넘지만 2마리를 가질 권리가 있다고 주장했다.

　며칠을 두고 논쟁하고 싸웠으나 이들의 재산 분쟁은 해결되지 않았다. 아버지가 남겨 준 사랑의 유산이 삼형제 사이의 우애를 허물고 대립과 싸움으로 번질 상황이 되었다.

　그러던 어떤 날 그 집 앞을 지나가던 한 사제(司祭)가 나타났다. 먼 길을 떠나 왔는데 타고 온 말과 함께 좀 쉬어 갈 수 있겠는가 요청했다. 손님이 사제이기 때문에 삼형제는 기꺼이 하루를 머물고 가는 대신에 자기네가 겪고 있는 재산 싸움을 해결해 주면 사제의 요청을 들어 드리겠다고 약속했다.

　사제는 "그러면 내가 타고 온 말 한 필을 줄 테니까 모두 18마리 중에서 큰형은 9마리, 둘째는 6마리, 막내는 2마리를 가지라"고 했다. 모두가 갖기를 원했던 것보다는 조금씩 많아졌다. 삼형제는 그러겠다고 수락했다.

　다음 날 아침, 9마리, 6마리, 2마리씩 나누어 가졌는데 말 한 마리가 여전히 남아 있었다. 사제는 "나는 걸어서 떠나겠다."고 뜰 밖으로 나섰다. 그때 삼형제가 "사제님, 우리가 원하는 대로 가졌는데도 사제께서 타고 온 말이 남았습니다. 먼 길인데 도로 타고 가셔야겠습니다." 하고 내주었다. 사제는 "나에게도 한 마리를 주니까 감사히 타고 가겠다."면서 작별 인사를 했다.

　이 이야기가 한국에서 왜 그렇게 많은 독자의 관심을 끌었는지는 잘 모르겠다. 다만 한 가지, 우리가 '더불어 삶'의 가치를 잃어 가고 있는 것은 사실이다. 지금 우리 사회가 원하는 것은 더불어 사는 지혜와 모범을 보여 줄 수 있는 지도자 아니겠는가.

〈『김형석의 100세 일기』, 『조선일보』 2020.6.13〉

위의 에세이를 읽고 대화 형식으로 느낌을 표현한 글

'수학이 모르는 지혜'를 읽고

"김형석 교수님? 처음 들어 보는데?"

"연세대학교 명예 교수님이시고 100세이신데 지금도 글을 쓰셔, 좋은 글을 많이 쓰셔서 모두가 좋아하는 교수님이셨대."

"와~ 정말 훌륭한 분이시네. 100세라니 정말 대단하시다. 넌 어떻게 알았어?"

"나도 오늘 아침 신문에서 읽어 봤어. 너무 놀라서 아침밥 먹다가 '우와~' 했다니까. 시간이 멈춘 것 같더라고."

"진짜 놀랍네. 나도 김형석 교수님에 대한 궁금증이 생기네. 어떤 글이 재미있었어?"

"「수학이 모르는 지혜」라는 글이야."

"얘기 좀 해 줄래?"

"먼저, 이 칼럼을 읽고 너도 한번 생각해 봐."

"알았어. 읽고 난 후에 무슨 말씀을 하셨는지 얘기하자."

"말 열일곱 마리를 첫째에게는 1/2, 둘째는 1/3, 막내는 1/9에게 나누어 주어야 해."

"금방은 이해가 안 되는데 어떻게 3명의 자식에게 똑같이 나누어 주지?"

"그러니까 수학이 모르는 지혜라는 거야!"

"다 읽고 생각을 나누자."

"오오케이~"

(채서윤, 3학년)

4 육하원칙으로 독해력 키우기

차별·편견과 싸워 역사가 되다, 위대한 여성 과학자

미국 항공 우주국(NASA)이 사상 최초로 달에 여성 우주인을 보내는 '아르테미스 프로젝트'를 추진합니다. 최근 NASA는 아르테미스 프로젝트의 세부 계획과 예산을 공개했죠. 1969년 아폴로 11호를 타고 달에 도착한 닐 암스트롱을 비롯해 지금까지 달에 간 미국인 우주 비행사 12명은 모두 남성이었는데요. 오는 2024년 아르테미스 프로젝트가 성공할 경우 인류 최초로 달을 밟은 여성 우주인이 탄생하게 됩니다. 프로젝트명 또한 그리스 신화에 나오는 아폴로 신의 쌍둥이 여동생이자 달의 여신인 '아르테미스'에서 따왔죠. 이번 프로젝트를 계기로 과학 발전을 이끈 여성 과학자들에게 관심이 쏠리고 있습니다. 인류 역사에 큰 업적을 남기고도 그간 차별에 가려져 제대로 평가받지 못한 여성 과학자가 많답니다.

나사 최초 흑인 여성 엔지니어인 메리 W. 잭슨(1921~2005)은 성차별과 인종 차별이 만연했던 1960년대, 미국 우주 산업을 이끈 주인공입니다. 대학에서 수학과 물리학을 복수 전공한 잭슨은 1951년 나사의 전신 국가 항공 자문위원회(NACA)에서 수학자로 일하기 시작했습니다. 잭슨의 능력을 알아본 팀장은 그에게 엔지니어 자리를 제안했죠.

NASA 최초 흑인 여성 엔지니어 메리 W. 잭슨(NASA 제공)

당시 엔지니어가 되기 위해서는 백인만 받을 수 있는 훈련 과정을 이수해야 했어요. 어렵게 특별 허가를 받은 잭슨은 훈련을 무사히 마치고 1958년 엔지니어가 됐습니다. 잭슨은 우주선을 감싸는 공기 경계층의 움직임을 주로 연구하며 나사가 우주로 비행사를 보내는 데 중요한 역할을 했습니다. 1979년에는 나사 여성 훈련 프로젝트 관리자가 돼 흑인과 여성 연구자의 고용 문제 개선을 위해 노력했습니다.

이런 잭슨의 일대기는 영화로도 제작됐습니다. 2016년 개봉한 〈히든 피겨스〉입니다. 히든 피겨스는 '숨겨진 영웅들'이란 뜻이죠. 지난 6월에는 나사가 메리 잭슨의 공적을 기려 워싱턴 DC 본부 건물 이름을 '메리 W. 잭슨 헤드쿼터'로 바꾸기도 했습니다.

(『어린이조선 종합뉴스』 2020.10.05)

육하원칙으로 기사를 간단히 요약해 보아요.

■ **생각 펼치기 예시**(편견에서 시작한 범죄 등)

■ **더 나아가기**(차별 의식을 없애려면)

■ 논술하기

위의 기사 내용과 논제를 탐색한 후 글을 써 봅시다.

편견은 이제 그만

"와~ 화장실도 유색인 전용만 써야 했다고?"
"한 사무실에서 커피포트도 따로 쓰네?"
〈히든 피겨스〉란 영화를 보았다. 이 영화는 나사 최초의 흑인 여성 엔지니어인 메리 W. 잭슨에 관한 이야기다. 메리는 성차별과 인종 차별이 만연했던 1960년대 미국 우주 산업을 이끈 주인공이다. 그녀는 우주선을 감싸는 공기 경계층의 움직임을 주로 연구하며 나사가 우주로 비행사를 보내는 데 중요한 역할을 했다.

메리는 인종 차별을 이겨냈다. 그녀는 백인만 받을 수 있는 훈련 과정을 이수하는 등의 편견을 깨트렸다. 1979년에는 나사 여성 훈련 프로젝트의 관리자가 돼 흑인과 여성 연구자의 고용 문제 개선을 위해 노력하기도 하였다. 2020년 6월 나사는 메리의 공적을 기려 워싱턴 DC 본부 건물의 이름을 '메리 W. 잭슨 헤드쿼터'로 바꾸었다.

편견에서 시작한 유명한 사건은 유대인 대학살이다. 600만이나 희생된 그 까닭은 유대인에 대한 편견이 깊었기 때문이다. 편견이 혐오, 차별을 거쳐 대량 학살이라는 범죄로 연결된 것이다. '유대인은 예수님을 처형한 민족이고 수전노! 유대인 지역을 만들고 유대인을 죽이는 것은 나쁘지 않아!'라는 편견이 유대인 대량 학살까지 번진 것이다.

차별은 편견을 부른다. 외모, 성적, 남녀, 경제력, 직업, 건강 상태 등 주위에서 벌어지는 차별은 정말 많다. 이러한 차별을 없애려면 인도주의를 실천해야 한다. 인도주의란 인종, 국적, 종교를 초월해 모든 사람이 행복하길 바라는 것이다.

옛말에 '암탉이 울면 집안이 망한다.'라는 말도 있었는데 어떤 이유든 차별과 편견은 옳지 못하다. 공정하지 않고 한쪽으로 치우친 생각, 이 차별을 가위로 '싹둑' 자르고 편견은 휴지통에 버려야 할 때이다. 오늘은 차별·편견과 싸워 역사가 된 위대한 여성 '메리 W. 잭슨'을 알게 되어 감동이다.

(김기은, 6학년)

독해력 어떻게 키우나요?

■ 신문을 읽고 독해력 키우기

▶ 매일 새로운 뉴스와 다양한 정보를 얻으면 집중하여 기사를 살펴보아요.
▶ 기사로 독해 훈련을 꾸준히 반복해요.
▶ 제목으로 글 흐름을 파악한 후, 기사의 대체적인 줄거리를 알아요.
▶ 얼마나 빨리 정확히 읽느냐가 중요해요.
▶ 중심 낱말 찾기, 중심 문장 찾기, 중심 내용 이해하기를 해요.
▶ 정보를 전달하는 연습을 해요.
▶ 친구와 가족에게 기사를 육하원칙으로 설명하는 연습을 해요.

■ 다음 기사를 읽고 짧게 요약해 설명해 보세요.

▶ 언제 ▶ 어디서
▶ 누가 ▶ 무엇을
▶ 왜   ▶ 어떻게

올해 6월 10일 하늘에 금반지가? 금환 일식

이번엔 달이 태양을 가린다. 태양-달-지구가 일직선으로 놓였을 때 달이 태양을 완전히 가리면 '개기일식', 일부만 가리면 '부분일식', 태양의 가장자리만 남겨 두면 '금환 일식'이라고 한다. '금환(金環)'은 금반지를 뜻하는 말로, 가장자리만 빛나는 모습이 금반지 같아 붙은 이름이다. 아쉽게도 이때(올해) 금환 일식은 우리나라에서는 안 보인다. 한국에서는 지난해 6월 21일 관측됐으며, 금환 일식을 볼 수 있는 다음 날짜는 2041년 10월 25일이다.

(AP 연합뉴스)

※ 올해(2021년) 6월 10일은 달이 태양을 가린다. 태양-달-지구가 일직선으로 놓였을 때 태양의 가장자리만 남겨 두는 금환 일식을 볼 수 있다.

처음부터 모두 얘기하려면 말하는 사람도 듣는 사람도 힘들어요.
육하원칙에 가장 핵심이 되는 말을 먼저 넣어 보세요.
쉽고 빠르게 내용을 파악할 수 있어요.

■ 다음 기사를 읽고 독해 활동 후 논술해 봅시다.

"샤인머스캣 이어 꿀고구마도 한국에 빼앗겼다" 법 바꾼 일본
과일·채소 지재권 보호법 속사정 "다시는 이런 실수 하지 말자"

일본에서 최초 개발된 고당도 포도 '샤인머스캣'

한국과 일본의 '종자 전쟁'이 드디어 본격화하는 걸까. 한국이 보유한 식물 종자의 자원 규모가 일본을 넘어 세계 5위권으로 올라선 지 4년, 일본이 "더 이상 한국에 식물 자원을 뺏기는 것을 막겠다."며 법을 개정하는 등 적극적으로 자국 식물 자원 보호에 나섰다.

일본 국회는 최근 종묘법을 개정해 '과일과 채소의 지식 재산권(IP) 보호' 규정을 추가했다. 새 작물의 품종을 등록할 때 '재배 지역과 수출 목적지'를 따로 지정할 수 있다는 내용이다. '일본에서만 재배할 것'과 같은 조건을 붙여, 종자의 해외 반출을 통제하기 위해서다. 이 법은 올해 4월부터 시행된다.

국내에서 큰 인기인 '샤인머스캣' 포도가 법 개정의 발단이 됐다. 샤인머스캣은 껍질째 씹어 먹는 씨 없는 청포도다. 당도가 일반 캠벨 포도보다 4~5도 높은 18브릭스(brix) 안팎으로 일반 포도보다 값이 3~4배 비싸다. 국내에서는 '포도계의 명품'이라고도 불린다.

이 포도는 본래 일본에서 1988년 개발됐고, 2006년 품종 등록됐다. 국내에는 2006년에 종자가 들어왔다. 한국산 샤인머스캣은 2014년부터 본격적으로 시장에 유통돼 지난해부터는 중국·베트남·홍콩·미국·뉴질랜드 등 19국에 수출되고 있다.

일본에서는 이를 놓고 "일본이 개발한 샤인머스캣을 한국에 빼앗겼다."는 여론이 일었고, 부실한 종묘법이 원인으로 지적됐다. 기존 법에서는 정식으로 구입한 종묘라면 해외에 반출하는 것 자체가 위법이 아니었기 때문이다.

일본은 샤인머스캣의 해외 품종 출원에 손을 놓고 있다가, 등록 기한인 2012년을 넘어가며 한국에서 로열티(royalty·사용료) 징수 권리도 잃었다. 황금빛 속살에 당도가 뛰어나 국내에서 '꿀고구마'로 유명한 일본 '베니하루카' 고구마도 샤인머스캣과 같은 상황이다.

때마침 한국은 식물 종자 자원에서 일본을 뛰어넘는 세계적 강국이 됐다. 농업 진흥청에 따르면 지난해 7월 기준 한국이 등록한 식물 자원 수는 26만 3960개로 미국(59만 6031개), 인도(44만 3921개), 중국(44만 1041개), 러시아(31만 1000개)에 이른 세계 5위다. 일본은 22만 9000개로 6위였다.

농진청은 "탁구공만 한 미니 사과 '루비에스', 베니하루카보다 병충해에 강한 '진율미' 고구마 등으로 식물 자원 경쟁력을 높여가겠다."고 했다.

(『조선일보』2021.1.10.)

 글을 자세히 읽고, 아래 질문의 답에 줄을 쳐 보아요.

1. 우리나라는 식물 종자 자원국으로 세계 몇 위인가요?
2. 왜 샤인머스캣이 '포도계의 명품'이라고 불리는가요?

3. 일본이 최근 종묘법을 개정했는데 그 규정은 무엇인가요?
4. 왜 개정하였나요?
5. 최근 농촌 진흥청이 경쟁력을 높이고 있는 종묘는 무엇인가요?

■ **논술하기**

위의 기사 내용을 읽어 보고 '품질 좋은 종묘를 개발하기 위한 노력'에 대해 자료를 조사하고 나의 의견을 써 봅시다.

제5장
토론을 잘하는 방법

1 토론의 규칙과 용어 알기

용어	의미
입론	자기의 주장을 세움
반박	다른 사람의 주장에 비판하는 것으로 그 자체가 주장이 될 수 없음
반론	다른 사람의 주장에 반대하는 새로운 주장을 제시함
작전 타임	같은 팀끼리 다음 단계의 토론을 준비하는 과정
최종 변론	입론과 심문에서의 주장을 중심으로 한 최종적인 주장

토론할 때는 예절을 지켜요

토론할 때, 특히 토론자는 규칙을 잘 지키지 않으면 토론을 원만하게 진행할 수 없습니다. 사회자, 판정인 역할을 맡은 어린이도 역할에 맞는 예절을 잘 지켜야 합니다.

사회자
- 토론을 절차에 따라 이끌어 가는 사람입니다.
- 공정하게 이끌어야 해요.
- 다양한 의견에 대하여 포용적이어야 해요.

토론자
- 논제에 대해서 찬성 및 반대 입장에서 주장하는 사람입니다.
- 논제에서 벗어나지 않도록 해요.
- 상대방의 말을 끝까지 정중하게 들어요.
- 근거를 제시하며 자신의 주장을 간결하고 분명하게 말해요.

판정인
- 토론 과정의 승패를 판정하는 사람입니다.
- 토론에서 오고 간 대화만을 바탕으로 판정하지요.
- 주관을 배제하고 객관적으로 판정해요.

2 어떤 논제로 토론하면 좋을까요?

토론은 다양한 방법으로 진행할 수 있습니다. 초등학교에서 자주 활용하는 유형으로 찬반 대립 토론, 논쟁 토론, 패널(배심원) 토론, 모의 형사 재판 토론, 피리미드 토론, 원탁 토론 등이 있습니다.

토론의 실제

논제 제안 예시문(논제 배경 설명하기)

GMO를 계속 개량 발전시켜야 한다.

콩, 옥수수 등 유전자 조작에 대한 논란이 뜨겁습니다. 한쪽에서는 안전하다고 주장하고 다른 한쪽에서는 인체는 물론 생명의 핵심인 유전자를 인간이 마음대로 바꾼다고 반대합니다. 세계 인구가 늘어 식량이 부족하다고 GMO를 계속 개량 발전시켜야 되겠습니까? 아니면 다른 방법으로 우리의 건강을 지켜야 되겠습니까? 여러분의 생각은 어떠세요?

초등학생 스마트폰 사용은 제한 시간이 필요하다.

초등학생 6학년의 스마트폰 사용자가 92%라고 조사되었습니다. 생활이 편리해진 반면 여러 가지 부작용도 많아 우려하는 목소리가 높습니다. 이로 인해 휴대폰 사용 제한 시간을 두는 부모님들과 스스로 시간을 활용하겠다는 자녀들이 서로 의견이 맞서고 있습니다. 여러분들이 부모님 입장이라면 사용 시간을 제한하시겠습니까? 서로 의견을 나누어 보았으면 좋겠습니다.

초등학생 유튜브 제작 바람직하다.

"초등생도 영상 제작 뚝딱", 이 어플은 유튜브 붐과 함께 매년 성장세를 이어가고 있습니다. 또한 유튜브 열풍이 초등학생에게도 확산되고 있습니다. 독특한 영상을 제작하여 공유하고 수익도 창출하는 초등학생 유튜버도 늘어납니다. 그러나 일각에서는 부작용이 일어나 걱정의 목소리가 높은데요. 여러분의 생각은 어떠십니까?

초등학생의 일기 검사는 바람직하다.

초등학생의 일기 숙제는 아동들에게 큰 부담입니다. 그래서 학교에서는 교사의 재량에 맡겨 실시하는 곳이 많아졌습니다. 대다수 어른들은 자신을 돌아보게 되며, 글쓰기 향상에도 도움이 되는 일기 쓰기는 꼭 필요하다고 하는데요. 학교에서 일기를 지속적으로 쓸 수 있게 지도해 주는 것이 바람직할까요? 아니면 개인의 선택에 맡겨야 할까요? 찬반으로 의견을 듣도록 하겠습니다.

선생님 모두들 논제 제안을 훌륭하게 준비해 왔습니다. 그런데 논제는 한 문장, 한 줄로 쓴다는 걸 알고 있지요?

민서 논제 배경 설명에서 논제가 될 핵심을 찾았어요. 저는 '초등학생도 스마트폰 사용이 필요하다.'로 정했습니다.

선생님 좋습니다. 여기서 우리는 논제 만들 때의 주의점을 살펴보아요.

논제 만들 때 주의!

- 논제는 한 문장, 한 줄로 씁니다.
- 논제를 쓸 때는 평서문, 긍정문을 기본으로 합니다. 부정문을 쓸 경우 찬성과 반대 입장을 혼돈할 우려가 있습니다.
  - 예 ~ 해도 된다. ~ 하는 것이 바람직하다.
- 적극성을 유도하기 위해 의문점으로 논제를 제시하기도 합니다.
  - 예 ~ 해도 좋은가?
- 찬반 토론을 할 때는 찬성과 반대 입장이 고루 나누어지는 논제가 적절합니다.
- 논제에 가치 판단이나 주관적인 평가가 드러나지 않도록 해야 합니다.
  - 예 초등학생이 머리를 지나치게 기르는 것이 바람직한가?

선생님 '토론의 주제'인 논제를 만들었으니까 이번 시간에는 어떤 논제로 토론을 할까요?

지욱 각자 준비한 논제를 전체에서 다수로 결정하면 좋겠어요.

선생님 'GMO를 계속 개량 발전시켜도 좋은가?'로 정했군요. 그럼 어떤 방법으로 토론할까요?

성현 '찬반 토론 형태'가 좋을 것 같습니다.

선생님 그럼 '찬반 토론 형태'에 대해 먼저 알아봅시다.

3 논제 배경 작성과 찬반 토론

찬반 토론 형태

- ▶ 하나의 논제를 둘러싸고 논의해야 함.
- ▶ 찬성 측과 반대 측으로 나누어 대항함.
- ▶ 토론의 절차를 준수함.
- ▶ 승패를 결정함.

토론의 단계

논제 배경에 따른 찬성과 반대 의견 조사

논제, "GMO를 계속 개량 발전시켜도 좋은가?"

콩, 옥수수 등의 유전자 조작에 대한 논란이 뜨겁습니다. 한쪽에서는 안전하다고 주장하고 다른 한쪽에서는 인체는 물론 생명의 핵심인 유전자를 인간이 마음대로 바꾼다고 반대합니다. 세계 인구가 늘어 식량이 부족하다고 GMO를 계속 개량 발전시켜야 되겠습니까? 아니면 다른 방법으로 우리의 건강을 지켜야 되겠습니까? 여러분의 생각은 어떠세요?

찬성 의견	반대 의견
• 식량 부족 문제를 줄일 수 있다. • 농약의 무분별한 사용으로 인해 일어나는 환경적, 인체적 피해를 방지할 수 있다. • 성장촉진제를 사용하여 빨리 먹을 수 있다. • 병이나 해충에 강한 내성을 지닐 수 있다. • 각종 병도 예방할 수 있고 고칠 수 있다. • 특정 영양소의 강화 및 의약품으로서의 활용도가 높다. • 식량 자원으로서 용이하게 재배할 수 있다. • 소득이 높아진다. • 생산자의 작업 효율성을 높이고 비용을 절감할 수 있다. • 동일한 토지에서 이모작이 가능해져 산림을 포함한 생물 다양성 보호 효과를 기대할 수 있다. • 사막의 녹지화 등 지구 환경 보호에도 이바지할 것으로 예상된다.	• GMO는 환경을 파괴한다. • GMO는 희귀병에 걸리게 한다. • GMO의 강한 내성 덕택에 그에 적응한 더 강한 해충과 잡초 등이 출현할 가능성이 있다. • 유전자를 조작하면 유전자가 파괴되거나 변형된다. • 변형된 종자에 의해 자연적인 씨앗의 생태계가 무너진다. • 동물이나 곤충들이 먹으면 몸이 커지거나 변할 수 있다. • 변형 동물이나 식물이 생겨나 생태계를 교란시키고, 사람한테서 기형아가 태어날 수 있다. • 박테리아가 인체의 항생제를 없앤다. • 종자 회사가 부르는 가격으로 종자를 사야만 하는 세상이 온다. • GMO는 새로운 독소를 생겨나게 하고, 어떤 유전자의 기능은 사라지게 한다.

토론 전 준비 활동

생각이 자란다! 창의력이 자란다!

년 월 일
작성자( )

논 제

★ PMI 기법 : 위의 논제에 대하여 좋은 점과 좋지 않은 점, 나의 주장 및 근거를 기록하여 봅시다

좋은 점 (P : PIUS, Positive) - 5가지 이상	좋지 않은 점 (M : Minus, negative) - 5가지 이상
1.	1.
2.	2.
3.	3.
4.	4.
5.	5.

나의 생각 (I : Interesting)

★ 나의 주장

★ 주장에 대한 이유 및 근거(3가지 정도 꼭 기록!)

찬반 대립 토론의 실제

입론(주장 펼치기) 쟁점별로 자료를 제시하며 발표함

찬성 측이 먼저 발언하고 그 다음에 반대 측이 발언합니다.

협의(작전 타임) 1차 반론 목록 작성

양측에 동등한 시간을 배분하고 입론 내용에 대한 핵심 용어와 자료를 검증하여 오류를 찾아내며, 팀원이 서로 협력하고 자료를 공유하는 시간입니다.

1차 반론(반론 펴기) 상대측의 논리적 오류에 대하여 비판적인 관점에서 지적함

반대측이 먼저 반론 펴기를 하고 이어서 찬성 측이 실시합니다.

협의(작전 타임) 2차 반론 목록 작성

입론과 반론 펴기를 통해 자신들의 주장과 상대방 주장의 차이점을 비교해 보고 반론 펴기에서 심문한 내용을 근거로 2차 반론 목록을 작성합니다.

2차 반론(반론 꺾기) 주도권을 가진 사람이 질문을 하면 상대방이 답변함

질의와 답변 형식으로 찬성 측이 먼저 질문하고, 반대측이 답변하며, 이어서 반대측에서 질문하고 찬성 측이 답변합니다.

반대   질문하겠습니다. 환경 단체나 NGO 등은 다른 종에 있는 유전자를 인위적으로 주입하는 기술이라는 점 때문에 GMO가 인체나 환경에 해로운 영향을 미칠 수 있다는 우려를 제기하고 있습니다. 당장은 혜택이 있겠지만 우리 후손을 위해서는 GMO의 생산을 막아야 합니다. (GMO-유전자 변형 농산물)

찬성   저희는 유전자 변형 기술이 전적으로 유용하다고만 말하는 것이 아닙니다. 다만 식량, 환경, 에너지·자원 및 의료 분야 등 다양한 분야에 도움을 주는 이 기술로 식량 부족을 해결함으로써 기아를 방지하고, 가뭄 홍수 등과 같은 피해에 대비할 수 있다는 것입니다. FAO는 '식량 불안 상황 보고서'를 통해 세계 인구 6명 가운데 1명은 굶주림으로 고통 받고 있다고 밝혔습니다. (FAO-유엔 식량 농업 기구)

협의(작전 타임)   최종 변론 작성

반론 꺾기를 통해 수정되거나 재정립된 주장과 근거를 보충하여, 최종 변론을 하기 위한 협의 시간을 갖습니다.

최종 변론(주장 다지기)   반론 결과를 확인하고, 입론을 재구성함

반대 측에서 먼저 최종 변론을 발표하고, 이어서 찬성 측이 최종 변론을 합니다. 반론을 통해 검증된 사실을 참작하여 입론을 재구성하고, 자신들의 주장과 타당성을 알맞은 이유를 들어 설명합니다.

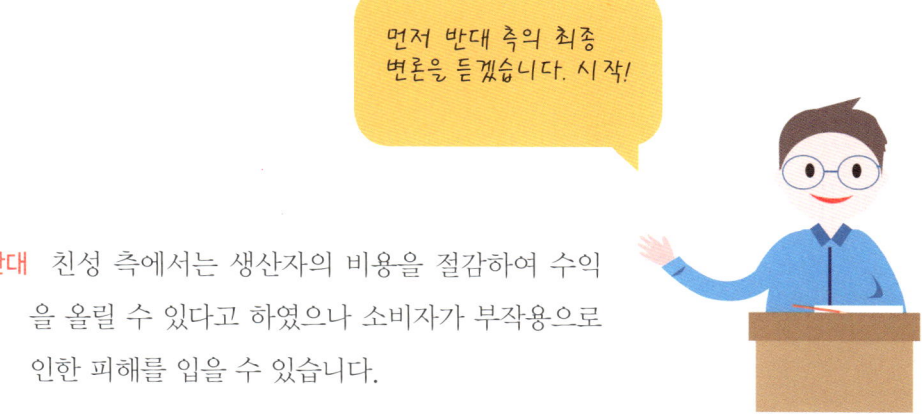

먼저 반대 측의 최종 변론을 듣겠습니다. 시작!

반대   찬성 측에서는 생산자의 비용을 절감하여 수익을 올릴 수 있다고 하였으나 소비자가 부작용으로 인한 피해를 입을 수 있습니다.

이어서 찬성 측의 최종 변론을 듣겠습니다. 시작!

찬성 질병에 강하고 소출량이 많아 식량난을 해소할 수 있기 때문에 논제에 찬성합니다.

■ 판정단의 역할은 무엇인가요?

"토론에서 오고 간 대화만으로 판정해야 해요."
"객관적이고 공정하게 해야 해요."

판정 기준

판정 내용	판정		
	상	중	하
▷ 용어에 대한 정의를 확인하는가?			
▷ 주장에 대한 이유와 근거가 타당한가?			
▷ 주장을 뒷받침하는 추론(논리 구성)이 논리적인가?			
▷ 근거 자료를 잘 활용하는가?			
▷ 요점을 정리하여 간결하게 질문하는가?			
▷ 상대방 주장에 대해 논리적으로 답변하는가?			
▷ 토론의 예절을 잘 지켜 성실하게 참여하는가?			

토론 후 나의 주장 쓰기

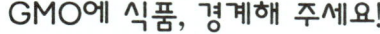

GMO에 식품, 경계해 주세요!

　GMO는 식품 유전자를 조작하는 기술이다. 주로 옥수수, 콩 등에 사용하여 우리가 먹는 옥수수 과자, 식용유에 많이 들어 있다. 하지만 GMO는 안 된다. 안 될 만한 두 가지 이유를 대보겠다.

　첫째로 유전자를 변형한 것이라 안전하지 않다. 예를 들어 옥수수와 살충제 유전자가 섞인 옥수수가 자라고 있다고 하자. 살충제 유전자가 있으면 좋긴 하다. 농약을 치지 않아도 되니까 말이다. 아무튼 벌레가 와서 그걸 먹고 죽었다고 하자. 벌레가 먹고 죽은 제품을 과연 우리가 먹으면 안전할까? 희귀병에 걸릴 수도 있을 것이고, 이 때문에 몸이 불편한 기형아도 태어날 수 있다.

　두 번째로 생태계 교란이 생길 수 있다. 어떤 벌레는 GMO를 먹고 더 유리해지기도 한다. 아까 그 벌레처럼 죽는 게 아니라 오히려 적응하는 얘들이 생긴다. 그럼 그 벌레가 강해져서 더 센 GMO가 개발이 되고, 벌레들이 세지는 것을 반복하면 악순환이 된다. 다른 생물들도 마찬가지인 셈이다. 결국 생태계 교란이 생긴다.

　GMO 식품은 경계해야 한다. 나는 위의 두 가지 이유만으로도 GMO를 쓰면 안 된다고 생각한다. 그래서 항상 과자나 식품을 살 때 성분 분석표, 원산지를 확인하는 게 중요하다. 사람들이 유전자 변형 농산물을 덜 소비하면 좋겠다. 여러분도 GMO 식품, 경계해 주세요!

(이지유, 3학년)

　　🔍 반대 주장을 중심 문장과 뒷받침 문장으로 잘 나타내었습니다. 간결하며 설득력이 있어요. 주장이 뚜렷해요.

4 독서 활동 후 논제별 토론

토론의 접근 방식은 어떤 것이 좋을까요?

　토론, 너무 어렵게 생각지 마세요. 사회적 문제가 되는 기사나 뉴스를 접할 때, 또는 주변 상황에서 생각해 볼 문제점이 보일 때, 친구나 가족과 자유롭게 얘기하며 시작하는 거예요.

　대표적인 것이 '하브루타' 토론이지요. 이것은 사고의 확장이 장점이나, 튜터(지도 교사)가 없으면 논점 없이 확장된 채로 토론이 마무리될 수 있는 단점도 있지요.

　찬반 토론은 토론의 목적이 명확해야 하고, 정확한 근거와 객관적으로 인정받은 사례를 제시해야 하지만 자유 토론은 형식이 자유스러워요. 쉽게 할 수 있는 장점이 있지요.

　시사 토론이 그 당시에 일어나는 여러 가지 사회적 사건을 다룬다면, 이슈 토론은 시사 중 대중의 관심이 특정한 한 곳으로 몰아가는, 그때그때 화제가 된 일들을 다룬답니다. 둘 다 자유롭게 토론하되 하나의 방법으로 찬반 양론으로도 끌어낼 수 있습니다.

■ 자유 토론(하브루타식)

　'하브루타'는 유대인의 전통적인 토론 교육 방법이랍니다. 친구를 의미하는 하베르(히브리어)에서 유래한 용어입니다. 학생들끼리 짝을 이루어 서로 질문을 주고받으며 논쟁하는 것인데 『탈무드』를 공부할 때 주로 사용했다고 해요.

　요즘은 나이와 성별, 계급에 차이를 두지 않고 두 명씩 짝을 지어 공부하며 논쟁을 통해 진리를 찾아가는 방식이지요. 편안하게 할 수 있는 장점이 있고 가족과도 자유롭게 질문을 서로 주고받으며 스스로 답을 찾아갈 수 있습니다.

『너도 하늘말나리야』를 읽고 (자유 토론)

1. 이 책을 읽고 난 소감을 자유롭게 이야기해 보세요.

2. 인상 깊은 대목을 발췌하고 한두 문단을 낭독해 봅시다.

3. 이유 없는 반항이나 갈등은 없다고 합니다. 바우는 마음속에 상처를 감추고 '선택적 함구증'에 갇혀 있는 처지가 되었고, 미르는 가시를 세운 모습으로 아빠와 헤어진 슬픔을 드러내었습니다. 또 소희는 재혼한 엄마를 잊고 살아가려고 합니다. 아픔을 치유하는 방법이 다른 바우, 미르, 소희에 대해 그 입장이 되어 말하여 보세요.

등장인물	등장인물의 입장
바우	
미르	
소희	

4. 사람 사는 길에는 높고 험한 산도 있고, 깊은 물도 있습니다. 그런 길을 지나가 봐야지만 평평하고 넓은 길을 고마워할 줄 알게 됩니다. 등장인물 소희는 '상처받은 조개만이 진주를 키울 수 있다'는 생각으로 마음속의 진주를 키우기로 마음먹습니다. 소희처럼 마음속의 진주를 키우려면 어떻게 해야 할까요?

5. 출산을 도우러 간 엄마를 따라간 미르는 산모가 어려운 고통 끝에 낳은 아이가 세 번째도 딸이라고 남편에게 홀대를 받습니다. 미르 역시 용꿈을 꾸고도 딸로 태어났다고 서운해하는 할머니의 말을 기억하고 있습니다. 이처럼 남, 여가 차별받는 원인이 무엇이며 이 원인을 제거하기 위해 어떤 노력을 해야 할까요?

■ 찬반 토론

만일 여러분이 미르나, 소희와 같은 처지가 된다면 부모의 입장에 대해 어떻게 생각하나요? 헤어진 미르의 엄마나 아빠의 입장을 이해할 수 있는지, 자식을 떠나간 소희의 엄마의 행동이 옳은지 찬성하는 입장과 반대하는 입장에서 말해 보세요.

이혼한 미르 엄마 아빠의 입장이 이해된다.	자식을 떠나간 소희 엄마의 행동이 이해된다.
 ● ● ● 	 ● ● ●
반론	반론
 ● ● ● 	 ● ● ●

5 NIE 활동 후 이슈 토론

이슈 토론 자료 1

우리 탈출한 퓨마 사살······ 과잉 대응 논란?

지난 18일 대전의 한 동물원에서 탈출한 퓨마를 사살한 조치를 두고 의견이 분분하다.

19일 오후 1시 기준 청와대 국민 청원 게시판에 올라온 '퓨마 사살 사건' 관련 청원은 65건. 퓨마를 제대로 관리하지 못한 사육사를 처벌하거나 동물을 가두는 동물원을 폐쇄해 달라는 내용이 대부분이다. 이들은 이번 조치가 '과잉 대응'이라고 입을 모은다. 퓨마가 동물원을 벗어나지 않아 인명 피해 가능성이 낮은데도 산 채로 잡지 않고 사살했기 때문이다. 또 "퓨마는 본능대로 움직인 것일 뿐 잘못은 좁은 우리에 동물을 가둬 둔 인간에게 있다."는 게 이들의 주장이다.

반면 "인간의 안전을 최우선으로 해야 한다."고 주장하는 이들도 있다. 맹수인 퓨마가 자칫하면 사람을 공격할 수 있어서다. 사건이 벌어진 동물원의 관리·책임을 맡은 유영균 대전 도시 공사 사장은 "마취총에 맞은 퓨마가 달아나는 바람에 2차 피해를 막기 위해 사살하기로 결정했다"고 밝혔다.

앞서 18일 오후 5시 15분 '대전 오월드'는 퓨마 한 마리가 사라진 사실을 알고 소방 당국에 신고했다. 우리를 탈출한 퓨마는 몸무게 60㎏의 2010년생 암컷이었다. 119 특수 구조단과 경찰 특공대 등은 주변을 수색해 1시간 30분 만에 동물원 안에서 퓨마를 찾아냈다. 수색대가 마취총을 쏴 명중했으나 바로 마취 효과가 나지 않아 달아나 버렸다. 결국 오후 9시 45분쯤 동물원 내에서 총에 맞아 사살됐다. 사육사가 퓨마 사육장을 청소한 뒤 빠져나올 때 문을 제대로 잠그지 않아 퓨마가 탈출한 것으로 알려졌다.

(『어린이조선』 2018.9.20)

■ **생각 나누기**

동물원에서 탈출한 퓨마를 사살한 사건에 대해 여러분은 어떻게 생각하나요?
▶ 인간의 안전을 최우선으로 해야 한다.
▶ 동물을 가두는 동물원을 폐쇄해야 한다.
▶ 이번 조치가 '과잉 대응'이다.
▶ 퓨마는 잘못이 없다. 좁은 우리에 동물을 가두면 안 된다.

■ **생각 펼치기**

요즘 이슈가 되고 있는 동물원 폐쇄, 어떻게 생각하나요?
논제를 정한 후 토론해 봅시다. (논제 → 동물원을 폐쇄해야 한다.)

■ 토론 후 느낀 점 쓰기

이슈 토론을 마치고

세계적으로 멸종 위기에 처한 퓨마

"앗! 저 퓨마가 이 세상에서 사라졌다니!"

나는 선생님께서 주신 신문 스크랩에서 퓨마 사진을 보았다. 퓨마 몸에 손을 대면 따뜻한 체온이 느껴질 것 같다. 지금은 영원히 사라진 저 퓨마가 불쌍하게 느껴졌다.

오늘 수업의 주제는 이슈 토론이다. 우리가 정한 논제는 '동물을 가두는 동물원을 폐쇄하자'이다. 우리는 먼저 찬성 입장과 반대 입장을 정리해 보았다. 사회자와 찬성 측, 반대 측 중 어느 쪽에서 토론을 해야 할지 정하는 '뽑기 규칙'이 있기 때문이다, 나는 속으로 '내 손아 찬성 뽑아 줘.' 하고 웅얼거렸다. 다행히 찬성이었다.

사회자가 된 친구가 모형 마이크를 들고 "지금부터 찬반 토론을 시작하겠습니다."라고 했다. 선생님께서는 사회자의 커다란 목소리에 빙그레 웃으셨다. 찬성 측이 먼저

"인간의 이기적인 이 자본 활동으로 동물을 감옥에 가둔다. 동물원 폐쇄하자."

"열악한 환경에 동물들이 스트레스를 엄청 받는다."

"동물을 그들의 고향 자연으로 돌려보내야 한다."고 입론을 했다. 선생님께서 말할 때 시선 처리를 잘하라고 사인을 하셨다.

이번에는 반대 측 주장이다.

"체계적인 동물 보호를 위해서 동물원 폐쇄는 안 된다."

"희귀종 번식을 위해서도 동물원이 필요하다."

"아이들이 직접 보지 못했던 동물 체험 학습을 할 수 있다."

"야생에 사는 희귀종을 동물원에서 보호한다면 개체수가 더 늘어날 것이다."

양쪽 주장이 팽팽하다. 우리들의 목소리는 점점 높아지고 있었다. 이번에는 1차 반론이다. 반대 측이 먼저 반론 펴기를 하고 찬성 측이 했다. 반론을 펴는데 별안간

큰 소리가 들렸다.

"동물원이 없어지면 대공원 체험 학습이 재미가 없어진단 말입니다!"

우리는 까르르 웃었다. 선생님도 웃으시며 "감정을 드러내지 말고 냉정하세요!" 하셨다.

오늘은 시간이 부족해 1차까지만 했다. 갈수록 어려울 줄 알았는데 정말 재미있었다. 토론으로 생각을 많이 끌어낼 수 있을 것 같다.

다음 시간에는 작전 타임도 가지면서 2차 반론까지 하고, 마지막으로 최종 변론을 하기로 하였다. 우리들은 끝까지 하고 싶었지만 선생님께서 오늘은 이 정도면 충분하다고 하셨다. 정말 아쉬웠다. 선생님께서는 시선과 목소리를 분명히 전달하라고 다시 한번 얘기하셨다.

"우와~ 토론은 재미있어!"

(오지훈, 5학년)

이슈 토론 자료 2

■ 비닐 코팅 종이, 재활용품 아닌 쓰레기

요즈음 각 신문에서는 재활용 쓰레기에 대한 문제들이 심각하게 기사화되고 있습니다. 새 학기가 시작되는 2월 말은 헌책이 쏟아져 폐지 전쟁이라고 하네요. 그런데 폐지 수입은 늘어나고 수출길은 막히는 일도 생겨 버렸답니다. 이 현상을 어떻게 생각하나요? 신문 기사를 읽고 이 문제를 이슈로 토론해 보아요.

■ 종이를 이용한 것 중 재활용이 안 되는 것 살펴보기

오염된 종이(음식물이나 오염이 묻은 휴지)

합성수지(벽지, 부직포)

코팅지, 스티커, 코팅 전단지, 사진

감열지(택배 송장, 영수증, 전산지)

금은박지(금박지, 은박지, 알루미늄 등)

햄버거 포장지, 기름종이

물에 젖지 않는 종이

스프링 노트(스프링은 제거)나 책 표지의 비닐 코팅 커버

🔍 폐지를 줄일 수 있는 방법은 무엇일까요?

🔍 종이의 생산과 유통, 배출 과정에 대해 해결 방안을 써 보아요

신문 기사를 읽고 더 생각 나누기

뭐라고? 폐지를 왜 수입해야 해?

"아빠, 폐지를 우리나라 것을 쓰면 안 되나요?"

"내가 폐지회사 사장이라면 수입을 할 것 같은데."

"아니, 왜요? 지금 우리 아파트 마당에도 폐지가 잔뜩 쌓여 있는데요. 왜 수거 안 하지요?"

"그건 재활용품이 아닌 쓰레기를 마구 버리기 때문이야."

"그래서 쓰레기를 안 가져가는 거예요?"

"그래, 가져가야 수출도 안 되고 쓸모가 없어. 또한 수입 폐지는 값이 싸고 은박지·비닐 등 이물질도 적고, 적은 원가로 더 많은 부가가치를 올릴 수 있지."

"그러면 아파트 단지는 쓰레기장이 폐지로 뒤덮일 위기에 몰렸는데 보고만 있을 수 없잖아요. 또 수입이 늘고 수출이 안 된다면 손해구요. 으악! 집 앞이 쓰레기로 뒤덮일 것 같아!"

"그러니까 국민들이 재활용 쓰레기를 잘 버려야 해."

"나라에서는 더 적극적으로 알리고 협조하도록 해야 하지 않을까요? 위반하면 벌금을 많이 물게 하는 것! 잘못 버리는 게 돈이라고 생각하도록……."

아빠와 대화를 마치고, 나는 이 문제를 해결하기 위해 곰곰이 생각해 보았다.

첫째, 나부터 분리수거를 잘할 것이다. 우리 식구들은 박스에 라벨을 다 떼고 있고 투명 플라스틱 분리도 잘한다.(아차, 박스를 눌러서 분리는 안 했네.)

둘째, 모든 사람들이 분리수거를 꼼꼼히 하도록 설득하는 것도 중요해!

셋째, 쓰레기를 줄이고, 생산 회사도 분리하기 힘들게 만들면 안 돼!

우선 이 세 가지부터 잘 지키도록 노력해야겠다고 다짐했다. 나는 나중에 공학자가 되어 환경을 지키는 로봇을 만들 꿈이 생겼다.

"나의 로봇아, 깔끔한 분리수거를 부탁해!"

(정준영, 4학년)

NIE 활동 후 시사 토론

'언택트'에 '주식 세뱃돈'까지…… 신권 교환, 작년 절반으로 '뚝'

회사원 전모 씨(42)는 올 설엔 빳빳한 신권 대신 '언택트(비대면) 세뱃돈'을 생각하고 있다. 신종 코로나 바이러스 감염증(코로나19) 확산을 막기 위해 5인 이상 모임이 금지돼 만날 수 없는 고향의 조카들에게 간편 송금 플랫폼 카카오페이로 5만 원씩 세뱃돈을 보낼 생각이다. 전 씨는 "중학교에 입학하는 조카를 만날 수 없어 아쉽다. 전화 덕담과 '랜선 세뱃돈'으로 대신해야 할 것 같다."고 말했다.

전 씨처럼 '비대면 설'을 준비하는 사람이 많다는 건 설 명절 전 한국은행 신권 교환 건수에서도 확인된다. 10일 한국은행에 따르면 지난달 28일부터 이달 10일까지 10영업일간 시민들이 한은 발권국 창구에서 지폐를 새 돈으로 바꿔 간 건수는 약 3879건으로 지난해 같은 기간 교환 실적(7090건)의 54.7%로 조사됐다. 설을 앞두고 시중에 풀린 돈도 8년 만에 가장 적었다. 같은 기간 화폐 공급 실적은 4조 7475억 원으로 작년보다 8814억 원(15.7%) 줄었다. 현금을 찾는 수요가 그만큼 감소했다는 의미다.

최근 주식 시장이 급등하면서 자녀들에게 현금 세뱃돈 대신 '주식 세뱃돈'을 주거나 모은 세뱃돈을 주식 계좌에 넣어 주려는 부모들도 있다. 주부 한수영 씨(39)는 5세 아들 앞으로 들어올 세뱃돈을 지난해 만들어 둔 아들 명의의 증권 계좌에 넣어 줄 생각이다. 한 씨는 "아들에게 줄 세뱃돈도 현금 대신 삼성전자 등 우량주 1주를 사서 넣어 줄 생각"이라고 말했다.

금융권도 '비대면 설' 이벤트에 들어갔다. 카카오페이는 14일까지 송금 서비스로 세뱃돈을 보낼 경우 설날 메시지가 담긴 특별 송금 봉투를 제공한다. 카카오페이 관계자는 "명절 이동이 제한됐던 지난해 추석 때도 '한가위' 송금 봉투 이용량이 2019년 대비 약 37.4% 증가했다."고 전했다.

우리은행은 14일까지 모바일 뱅킹 앱 WON뱅킹을 이용해 세뱃돈을 보내면 500명을 추첨해 던킨도너츠 먼치킨 10개 팩 모바일 쿠폰을 제공한다. 하나은행도 세뱃돈과 입학, 졸업 축하금 명목으로 외화 적금이나 주택 청약 종합 저축 등에 가입하면 상품 수에 따라 CU 모바일 상품권 등을 경품으로 준다.

『동아일보』 2021.2.10)

■ 생각 열기

직접 만나지 않고도 세뱃돈을 주는 방법을 생각해 봅시다.

■ 더 생각하기

자녀들에게 현금 세뱃돈 대신 '주식 세뱃돈'을 주는 방법에 대해 의견을 써 보아요.

■ **토론으로 생각 펼치기**

'세뱃돈을 주식으로 준다.'는 기사를 읽고 어떻게 생각하나요? 토론을 하며 생각을 확장해 보아요.

나도 주식을 보유할 수 있다고요?

나 아빠, 카카오 톡으로 세뱃돈이 들어왔대요. 엄마가 깜짝 놀랐어요.

아빠 그래? 누가 보내 줬어?

나 외숙모가 보내 주셨어요. 중학교 입학한다고 가방 값도 보내주셨어요.

아빠 야~ 코로나 때문에 세상이 다 바뀌네. 정말 희한한 세상이다.

나 신문에서도 세뱃돈을 주식으로 준다는 기사도 봤어요.

아빠 그럼, 너도 주식으로 세뱃돈을 받고 싶다는 생각이니?

나 저는 주식에 대해서 모르니까 아빠가 설명해 주세요.

아빠 주식은 1주도 보유할 수 있으니까 네 세뱃돈으로 주식을 살 수도 있겠다. 허참, 주식이라~ 한 번쯤 시도해 봐도 되겠네.

나 그럼, 말로만 듣던 주주가 되는 거예요?

아빠 그래, 주식을 1주라도 사게 되면 투자자가 되는 거지.

나 그러면 주식은 뭐고, 왜 하는 건지 상세히 알아야겠어요.

아빠 그걸 알면 사회를 잘 알 수 있지. 회사가 경제에 미치는 영향도 알고.

나 처음에는 잘 모르니까 아빠께서 좀 도와주세요.

아빠 흠~ 흥미를 가지고 있으니 시작하는 것은 좋은데 첫술에 배부르지 않아.

나 내 친구도 초등학교 졸업 축하금으로 주식을 샀대요. 투자 일기를 쓰는 애도 있고요.

아빠 벌써부터 관심을 가지다니 대단하다, 대단해.

나 근데 어떻게 좋은 주식을 구별해요?

아빠 아빠도 처음에는 어떻게 주식을 살지 몰랐지. 조심스러워 소액 투자로 시작했어. 회사 정보를 아는 것도 중요해.

나 우아~ 이러다가 내가 주식 부자 되는 거 아니에요? 호호.

아빠 처음부터 등락에 신경 쓰면 안 되고 멀리 봐야 해. 이젠 딸이랑 경제 얘기를 다 하네. 좀 더 궁리해 보자.

나 넵, 재미있네요. 주식 세뱃돈!

(주지민, 6학년)

시사 토론을 마치고 (토론자의 입장 정리)

▶ 변하게 된 세뱃돈의 흐름을 알 수 있다.
▶ 토론을 통해 새로운 아이디어와 해결법을 이끌어 낼 수 있다.
▶ 부모님과 자유로운 대화를 시도한 것이 좋았다.

제6장
독서를 바탕으로 논증하는 글쓰기

1 왜 독서 논술이 필요한가요?

　논술 능력은 다양한 독서를 통해 배경지식을 쌓는 것이 필요해요. 또한, 교과별 독서를 통해 교과 학습에 힘써야 합니다.
　논술 평가의 방향도 글쓰기의 기술이나 '논리성'보다는 '배경지식'을 얼마나 갖추고 있는가를 평가하도록 권장하고 있습니다. 그래서 많이 읽고, 많이 써 보는 것이 무엇보다도 중요해요.
　독서는 어휘력과 상상력, 표현력을 길러 주며, 논술의 기본 바탕이 되지요. 체계적인 책 읽기 등, 독서 논술에 대해 자세히 알아봅시다.

첫째, 독서 논술이란 무엇인가요?
　독서한 내용을 바탕으로 주장을 펼치고 싶은 논제에 대해 논리에 맞게 논증하는 글쓰기라고 할 수 있어요.

둘째, 독서 감상문과 차이점은 무엇인가요?
　독서 감상문은 책을 읽고 그 느낌을 주관적으로 자유롭게 기재하는 것이고, 독서 논술은 해당 도서를 읽고 그 책에 나타난 내용에 대해 자신의 주장을 객관적으로 논리에 맞게 기록하되, 제시된 논제에 대해서만 글을 써야 해요.

셋째, 일반 논술과의 차이점은 무엇인가요?

일반 논술 : 주제 논술로 특별히 독서할 내용을 바탕으로 하지 않고도 생각을 펼쳐요.

통합 논술 : 독서 논술과 일반 논술의 주제가 2개 이상 합쳐진 것입니다.

넷째, 왜 독서 논술이 필요한가요?

통합 논술을 잘 하려면 독서가 바탕이 되어야 해요. 논술 평가의 방향은 배경지식을 바탕으로 설득력이 있게 논증한 글입니다.

다섯째, 어떻게 책을 읽어야 하나요?

훑어보기, 메모하기, 요약 정리하기를 잘 하여야 해요.

이해와 수용, 다르게 보기와 뒤집어 보기, 논제 해석적 읽기를 통해 종합하는 책 읽기가 필요해요.

2 효과적 독서 활동을 위해 알아 둘 점

독서가 학습이고 창의력입니다

독서는 자신을 발견하게 하고 인격을 다듬으며 삶에 지혜를 구하게 하는 도구입니다. 수업과 독서가 따로 있는 것이 아니라 독서가 곧 수업이라 할 수 있지요. 창의적 사고를 키우기 위해 우리는 다음과 같은 활동을 할 수 있습니다.

- **내용 이해하기**
  - 마인드맵 그리기
  - 내용 요약하기
  - 작가 분석하기

- **다양하게 감상하기**
  - 독후감 쓰기
  - 서평 쓰기
  - 주인공에게 편지 쓰기
  - 독서 만화·감상화 그리기
  - 독서 퀴즈, 퍼즐 만들기

- **통합적인 활동하기**
  - 독후감 발표 대회
  - 독서 역할극, 독서 모의 재판
  - 독서 퀴즈, 독서 골든벨 대회

→ **창의적 독서 활동**

독서가 창의력!

창의적 사고를 키우려면

- 교과와 연계한 학습 독서를 해요.
- NIE를 활용해요.
- 고전을 많이 읽어요.
- 문학 독서를 많이 해요.

3 독후감 쓰기, 밑그림을 그리는 방법

독후감도 밑그림을 그리자

■ 3단계로 나누어 본 독후감 쓰기

단계	쓸 내용
첫 부분 쓰기	**다양한 방식으로 시작합니다.** 1. 책을 읽은 동기로 쓰기(누가 권해서, 알고 싶은 게 있어서, 나의 관심 분야여서, 등) 2. 자신의 의견을 내세우며 쓰기(왕따는 사라져야 합니다.) 3. 책, 주인공, 지은이 소개로 쓰기(주인공이나 작가에 대한 설명으로 쓰기) 　예) 오늘 저녁 〈오프라 윈프리 쇼〉에서 해리 포터 작가 조앤 롤링의 인터뷰를 보았다. 조앤은 …… ※ 유의점 1. 마인드맵을 그리고 가장 감동 있는 부분을 중심으로 씁니다. 2. 글을 쓰기 전 개요를 짭니다. 글의 흐름이 잘 정돈됩니다. 3. 동기를 쓴 다음 단순히 책의 줄거리만 쭉 나열하여 쓰는 경우는 좋지 않습니다.
가운데 부분 쓰기	1. 주인공의 한 행동을 나의 행동과 비교해서 봅니다. 　나 자신과 비교해 보고 '나라면 이랬을 텐데.' 하는 느낌을 씁니다. 2. 가장 감동적인 부분을 강하게 나타내도록 합니다. 　기억에 남는 장면을 적고 그에 대한 자신의 감동을 적습니다. 가운데 부분에는 이야기 전체 내용을 짐작할 수 있는 줄거리가 들어가야 합니다. 그러나 줄거리만 나열하지 않도록 합니다. 3. 자기만의 느낌이나 교훈을 발견하려고 노력합니다. 　예) 나는 『양파의 왕따 일기』를 읽고 작년에 내가 겪은 일이 생각났다. 지금은 문제가 해결되었지만 내가 왕따를 당하고 있다고 생각할 때는 정말 공부도 하기 싫고 하루하루가 힘들었다. 부모님께도 말할 수 없었던 그때를 생각하니 주인공인……

끝부분 쓰기	결말을 넘어서 앞으로 기대되는 전망을 씁니다. 전체적인 느낌을 씁니다. 가장 기억에 남는 장면에 대한 느낌을 씁니다. 깨달은 점, 본받을 만한 점을 씁니다. 주인공과 관계된 느낌을 씁니다. 자신의 다짐을 씁니다. 속담이나 격언을 예로 들면서 느낌을 씁니다. ※ 유의점 : 글의 마무리 단계이므로 간결하게 쓰되, 엉성하게 끝나지 않도록 주의합니다.

■ 끝부분 예문 보기

　　나는 가끔 친구들의 단점만을 생각하면서 그 친구를 무조건 싫다고 한 적이 있었다. 그러나 친구 사이의 우정은 나에게 이로움만을 생각하며 만들어 가는 것이 아니었다. '관포지교'의 관중과 포숙아처럼 서로가 깊이 아끼고 허물을 꼬집어 말하지 않을 때 진정한 우정을 쌓아 가는 친구 사이가 될 수 있음을 이 책은 말해 주고 있다.

　　과학의 세계란 정말 복잡하고 신비스럽다는 것을 알았다. 이 책을 읽기 전에는 과학이 별 재미가 없었는데 '동물의 본능'이란 책을 읽고 나니 정말 무척 재미있고 흥미로웠다. 세계의 모든 신비를 관찰하면 얼마나 더 흥미진진할까? 나는 의사가 되겠다는 내 꿈을 수정해야겠다는 생각도 들었다.

　　🔍 어떤 형식으로 독후감을 쓸까요? 글의 주인공에게 보내는 편지 형식으로 쓰기도 하고 또 어떤 경우에는 시나 일기 형식으로 씁니다. 시로 쓸 때는 꼭 연을 나눈다는 부담을 가지지 않는 게 좋습니다. 또한 주장하는 내용으로도 쓸 수 있습니다.
　　독후감 쓰기는 다양한 방법으로 쓸 수 있습니다. 하지만 너무 독특한 멋을 부리려고 하다가 글이 혼란스러워지는 경우도 있으니 주의해야 합니다.

> **좋은 독후감을 쓰려면?**
> - 좋은 독후감은 책의 내용에 대한 소개와 자신의 감상이 잘 어우러진 것입니다. 책 내용만 장황하게 늘어놓으면 그것은 책의 요약이지 독후감은 아닙니다.
> - 읽은 책의 대략적인 성격을 소개하면서 자신이 가장 감명 깊게 읽었던 부분을 중심으로 자신의 생각을 서술해 나가야 합니다.
> - 좋은 독후감을 쓰기 위해서는 먼저 책을 깊이 있게 읽고, 다양한 생각을 해야 합니다. 자신의 감상이 깊이 있게 드러날 때 좋은 독후감이라고 할 수 있습니다.
> - 글을 쓰기 전 밑그림을 그리고, 쓴 글은 여러 번 읽어 봅니다. 틀린 글자는 없는지, 어색한 문장은 없는지 살펴봅시다.

4 '논술의 힘'을 다지는 개요 작성

창의적 독서 활동은 – 정확한 읽기

독서 논술의 힘 다지기
▶ 책을 꼼꼼히 읽고 책의 내용을 정리해 보아요.
▶ 지은이가 의도한 주제나 자신이 깨달은 감동을 바탕으로 자신이 쓰고 싶은 논제를 스스로 정해요.
▶ 논제를 바탕으로 자신의 생각을 마인드맵으로 그리고 개요로 작성해 보아요.

개요 작성하기 전 꼭 알아 두기

서론은 한 단락으로 쓰되 크게 두 부분으로 나누어 쓴다.
▶ 앞부분 : 글 쓰는 동기, 논의의 배경, 등 관련 사실 사례 등이 나타나도록.
　　논제와 관련된 화제(시사)나 일화, 참신한 어구, 속담, 격언, 중요한 용어의 정의 등 한두 가지를 적절히 연결하여 시작하면 좋다.

▶ 마지막 부분 : 문제 제기를 분명히 한다.

본론은 크게 초등은 2~3단락, 중등에서는 3단락 이상으로 구성하면 좋다.
▶ 적절한 논거가 분명히 제시되어야 한다.
▶ 일반적인 논거와 함께 해당 책에서 반드시 논거를 찾아 논술하도록 한다.

결론은 한 단락으로 쓰도록 한다.
▶ 해당 도서의 내용을 잘 요약하고, 자신의 주장이 해당 도서의 논거로 잘 강조할 수 있도록 마무리한다.
▶ 누구나 쉽게 이해할 수 있도록 논술한다.

5 수능까지 연결되는 독해력 키우기

읽어 보기 Ⅰ

"임마. 네놈의 자전거가 쓰러지면서 내 차를 들이받았단 말야. 이런 고급차를." 신사가 덩칫값도 못하게 팔짝팔짝 뛸 때 수남이는 차체에 비친 울상이 된 자기의 얼굴을 바라볼 수 있을 뿐이었다.

수남이는 전기용품 도매상 꼬마 점원이다. 고등학교 다니는 학생들이 부러운 수남이는, 낮에는 점원으로 일하다가 밤늦게는 야학에라도 갈 생각으로 공부를 하며 지낸다.

간판도 떨어져 나뒹굴 만큼 바람이 몹시 불던 날, 소매상에 심부름을 갔다가 세워 두었던 수남이의 자전거가 넘어지면서 승용차에 흠집을 내 버렸다. 돈을 물어내라는 승용차 주인에게 수남이는 울며 용서를 구했지만 승용차 주인은 더 펄펄 뛰었다.

"안 되겠네. 요런 악질 깡패 녀석하고 시비해 봤댔자 공연히 시간만 낭비니, 자네 자물쇠 하나 마련해다 주게. 이 녀석 자전걸 잡아 놓기로 하세. 언제든지 오천 원 가져와서 찾아가라고."

그리고는 주머니에서 오백 원짜리를 한 장 꺼내서 운전사에게 주는 것이었다. 수남이로서는 전혀 예기치 못했던 사태였다. 주머니의 만 원에 대해서만 생각했었지 자전거에 대해선 전혀 생각이 미치지 못했었다. 운전사는 금방 커다란 자물쇠를 하나 사 가지고 왔다. 신사는 다시 네놈은 쳐다보기도 싫다는 듯이 수남이를 전혀 상대 안 하고, 묵묵히 자전거 바퀴에다 자물쇠를 채우고, 앞에 빌딩을 가리키면서,

"나 저기 306호실에 있으니깐 돈 오천 원 갖고 와. 그러면 열쇠 내줄 테니."

하고는 수남이를 힐끗 흘겨보고 유유히 빌딩 속으로 사라져 갔다.

수남이는 울지도 못하고 빌지도 못하고 그냥 막연히 서 있었다. 수남이와 신사의 시비를 흥미진진하게 구경하던 사람들도 헤어지지 않고 그냥 서 있었다. 아마 수남이가 앙앙 울거나, 펄펄 뛰면서 욕을 하거나 그런 일이 일어나 주기를 기다리는 눈치였다.

수남이는 바보가 돼 버린 아이처럼 조용히 멍청히 서 있었다. 누군가가 나직이 속삭였다.

"토껴라 토껴. 그까짓 거 들고 도망가렴. 뒷일은 우리가 감당할게."

그러자 모든 구경꾼이 수남이의 편이 되어 와글와글 외쳐댔다.

"도망가라, 어서어서 자전거를 번쩍 들고 도망가라, 도망가라."

수남이는 자기편이 되어 준 이 많은 사람들을 도저히 배반할 수 없었다. 이상한 용기가 솟았다. 수남이는 자전거를 마치 검부러기처럼 가볍게 옆구리에 끼고 질풍같이 달렸다. 신기하게도 정말이지 조금도 안 무거웠다. 타고 달릴 때보다 더 신나게 달렸다. 달리면서 마치 오래 참았던 오줌을 시원스레 내깔기는 듯한 쾌감까지 느꼈다.

주인 영감님은 자전거를 옆에 끼고 질풍처럼 달려온 놈을 눈을 휘둥그렇게 뜨고 바라볼 뿐이었다. 오늘 바람이 세더니만 필시 이 조그만 놈이 바람에 날아왔나, 설마 그럴 리야 없을 텐데 내 눈이 어떻게 된 것인가 그런 눈치였다.

수남이는 너무 숨이 차서 이런 주인 영감님의 궁금증을 시원히 풀어 주지 못하고 한동안 허걱대기만 한다.

"임마, 말을 해. 무슨 일이야? 네놈 꼴이 영락없이 도둑놈 꼴이다. 임마."

도둑놈 꼴이라는 소리가 수남이의 가슴에 가시처럼 걸린다.

(박완서, 「자전거 도둑」 중에서)

■ 생각 열기

1. 낮에는 일하다가 밤에는 야학에라도 갈 생각을 하는 수남이는 어떤 아이입니까?
2. 신사가 수남이에게 돈을 물어내라고 하는 이유가 무엇입니까?
3. 이 이야기는 1970년대를 배경으로 하고 있습니다. 당시 5,000원은 지금의 20만 원이 넘는 돈입니다. 수남이의 형편에 쉽게 갚을 수 있는 돈입니까?
4. 수남이가 자전거를 들고 도망친 이유는 무엇입니까?
5. 구경꾼들은 수남이 편을 들어 주지 않았다면 수남이는 어떻게 했을까요?

■ 생각 펼치기

자기의 입장을 선택하고 토론하여 보세요.

구경꾼이 도망가라고 한 행동은 잘한 일이다	잘못한 일이다
• 변상하기가 힘들어 보이는 수남이에게 도망치라고 말한 일은 약자를 도운 일이다. • 승용차 주인은 그 돈이 없어도 크게 힘들 일이 없으므로 잘 도와주었다.	• 피해를 주었으면 힘이 들더라도 방법을 찾아 해결을 했어야 했다. • 자전거를 들고 몰래 도망간 일은 잘못된 일이다.

반론	반론
• 손해를 끼쳤으니 도망치지 말고 해결할 방법을 찾도록 협조해 주었어야 했다. • 도망친 수남이는 마음이 괴롭다. 결국 상처를 지니게 되므로 좋은 방법이 아니다.	• 승용차 주인에게는 큰 일이 아니지만 수남이는 마땅히 해결할 능력이 없었다. • 몰래 도망을 갔지만 언젠가는 찾아가 사과하고 피해에 대한 보상을 할 수 있다.

■ **더 나아가 보기 1**

수남이가 자전거를 들고 도망친 행동은 도둑질이다	도둑질이 아니다

■ **더 나아가 보기 2**

내가 수남이라면 어떻게 할지 수남이에게 쪽지를 써 보세요.

_____
_____
_____

■ **논술하기**(학생 글)

잘못을 편들면 안 된다

'역경이 꼭 손해만은 아니다. 오히려 이겨 낸 사람을 지혜롭게 한다.'는 말이 있다. 수남이는 자신의 자전거로 인해 발생된 일이므로 어렵고 힘들더라도 이에 대한 책임을 져야 한다. 당장 힘들다고 피해서는 안 된다. 수남이의 딱한 사정을 동정한 나머지 구경꾼들이 그 일에서 도망치게 한 일은 옳은 일이 아니다.

수남이는 결국 떳떳하지 못한 마음을 지니게 되었고 몹시 괴로워했다. 도망친 수남이는 또 주인 영감까지 "네놈 꼴이 꼭 도둑놈 꼴이다."라고 했을 때는 정말 자기가 도둑이 된 것이라고 생각하며 오금을 저렸다. 그리고 아버지께서 "그저 도둑질만 하지 마라."는 말은 더욱 괴로운 마음에 사로잡히게 했다. 구경꾼이 도와주려고 부추긴 일은 잘못된 판단이라고 볼 수 있다.

구경꾼들이 한 행동은 '형편에 따라서는 공동 규칙을 지키지 않아도 된다.'라고 말하고 있는 것이다. 그것은 올바른 행동이 아니다. 우리는 법치국가에서 살고 있는 국민이다. 국민은 마땅히 법을 지켜야 하고 공동 법규를 준수하여야만 한다. 규칙과 질서가 바로잡힐 때 사회는 안정되고 평화로워지기 때문이다.

구경꾼은 다른 방법으로 도움을 주어야 한다. 승용차 주인에게 '흠집이 난 것은 속상한 일이겠지만 이 아이는 변상한 능력이 없으니 조금 양보해 줄 수 없느냐.'고 양해하도록 거들어 주었어야 했다. 아니면 수남이가 점원으로 일하는 도중에 발생된 일이므로 주인 영감에게 사실을 이야기하게 하고 다른 변제 방법을 찾아보도록 할 수도 있었을 것이다.

단순히 돕고 싶다는 마음에 '도망가라'고 수남이를 감싸 준 것은 결국 수남이를 마음의 감옥에 갇히게 한 것이나 마찬가지다. 혹시 승용차 주인을 만날까 봐 불안을 안고 살며 '내 꼴이 이게 뭔가' 하고 자책을 느끼게 만든 것이다. 그것은 도움이 아니다. 지혜롭지 못한 해결 방법을 알려 주거나 잘못을 함부로 편들면 안 된다.

(○○○, 6학년)

읽어 보기 II

"너희들 가운데 혹시 여럿이서 떼 지어 친구를 괴롭히는 일은 없겠지?"
슬쩍 돈짱을 쳐다본 순간, 야라가세와 눈이 딱! 이크, 큰일 났다.
"남을 괴롭히는 사람도 나쁘지만, 그걸 알고도 모르는 척하는 사람들도 똑같이 나빠요."

"어휴, 선생님. 그러면 누가 손을 들고 일어서서, '저기, 야라가세가 말이죠…….' 하기를 기대하는 거예요? 아마 그런 일은 없을 걸요. 절대로 있을 수가 없다니까요. 야라가세 패거리가 무섭게 째려보고 있단 말이에요."

기분 나쁜 예감이 맞아 떨어졌다. 집에 가는 길에 야라가세 패거리가 숨어서 기다리고 있었다.

"일러바친 거, 너지?"

"일러바치다니. 뭘? 아, 아침에 그 일? 그게 뭐 남을 괴롭힌 거라구. 안 그래? 하하하……."

얼렁뚱땅 둘러대며 발뺌은 했지만, 나를 바라보던 돈짱의 눈빛. 화가 난 것 같기도 하고 울 것 같기도 한, 원망이 가득 찬 눈빛.

언짢은 기분이 가방에 가득 차오르는 것 같았다.

…(중략)…

연극이 끝난 뒤, 평가회는 남을 괴롭히는 것에 대한 토론으로 바뀌어 버렸다. 무대 위의 사건이 자아낸 흥분이 채 가시지 않아서인지 많은 의견이 나왔다.

"야라가세 패거리가 돈짱, 아니, 도바시에게 호스로 물을 뿌리는 걸 봤습니다."

"그것은 장난이었어요. 절대 괴롭히려 했던 게 아니라구요. 안 그래?"

"급식 시간에 도바시의 국에다가 화장지를 집어넣고 먹으라고 한 적도 있죠?"

"기억이 안 납니다."

"도바시도 싫어했고……. 그건 분명히 돈짱을 괴롭히는 짓이었다고 생각합니다."

"그렇다면 사과하겠습니다. 미안합니다."

이런 식의 대답이 되풀이되자 우리들은 지겨워지기 시작했다.

"그런데 왜 도바시는 화를 내지 않았습니까? 싫다는 말을 확실히 하지 않는 것도 나쁘다고 생각합니다."

치카고의 이 한 마디에 우리 토론은 꼬리 잘린 잠자리처럼 끝나 버렸다.

그 뒤로 돈짱은 전학 갈 때까지 학교 안에서는 괴롭힘을 당하지 않았다. 대신에 '기차역 화장실에서 4인조와 돈짱이 나왔다.'든가, '4인조와 돈짱이 오락실로 들어가는 걸 봤다.'는 등의 소문이 나돌았다.

그래도 우리들은 여전히 모르는 척하고…….

(우메다 슌사쿠, 『모르는 척』(송영숙 옮김, 길벗어린이, 1998) 중에서)

■ **생각 열기**

1. 이 책에서 인물들이 모르는 척하는 일은 무엇입니까?

2. 야라가세 패거리들은 자기들이 무서워 모르는 척하는 친구들을 보고 어떤 생각이 들었을까요?

3. 토론 시간에 남을 괴롭힌 일이 '기억이 안 납니다.' '그렇다면 사과하겠습니다.'라는 답변만 되풀이된다면 이 토론은 어떻게 되겠습니까?

4. 괴롭힘을 당한 돈짱이 전학을 간다고 해서 모든 일이 해결된다고 생각하나요?

■ **더 생각해 보기 1**

사람들이 잘못된 일을 보고도 모르는 척하는 이유가 무엇이겠습니까? 그렇게 모르는 척한다면 어떤 일이 벌어지겠습니까?

잘못된 일을 보고 모르는 척하는 이유	
발생하는 일	
바람직한 행동은 무엇일까요?	

■ **논술하기**(학생 글)

알고도 '모르는 척' 하는 일은 옳지 않다

"또 학교 폭력이야?" 최근 이 문제로 온 나라가 시끄럽다. 올 들어 8월까지 학교 폭력 신고 전화 '117'에 신고된 전체 1만 1878건의 43.4%가 초등학생이 한 것이다. 학교에서는 연일 학교 폭력 예방에 관한 가정 통신문을 발송하고 있다. 그러나 지금까지 눈에 보이게 폭력 문제가 줄어들었다는 통계는 없다. 여기에는 알고도 모르는 척 넘어가는 개인주의도 한몫을 하고 있기 때문이다.

남의 불행을 모르는 척한다는 것은 옳은 일이 아니다. 물론 모르는 척하는 이유는 여러 가지가 있다. 나와 직접적 관계가 없으니까, '내게 피해는 오지 않을까?' 우려되는 마음에서, 귀찮은 마음에서, '친구 사이에 좀 과한 장난이겠지.' 등이다. 그러나 이웃의 피해가 언젠가는 내게도 닥칠 수 있는 문제이다.

자신의 잘못을 모르는 사람은 더 큰 잘못을 저지를 수도 있다. 야라가세 패거리에게도 '모르는 척'은 진정한 친구로서의 태도가 아니다. 패거리들이 군중 심리로 장난삼아 괴롭히는 행위가 잘못되었다는 걸 알려 주었어야 한다. 그리고 사과하고 그런 일이 생기지 않도록 해야 한다.

돈짱의 눈빛. 화가 난 것 같기도 하고 울 것 같기도 한, 원망이 가득 찬 눈빛을 마음속에서 지우지 못한 주인공은 마음이 편치 않다. 또한 알고도 모르는 척한 비겁함에 자책을 하고 있다. 결국 '모르는 척' 넘어가는 일은 피해자뿐만 아니라 모두에게 좋은 결과를 안겨 주지 못한다.

옛말에 '호미로 막을 걸 가래로 막는다.'는 말이 있다. 이 말은 사소하게 생각하여 대처하지 않고 있다가 더 힘들게 일을 처리한다는 말이다. 친구가 괴롭힘을 당하는 줄 알면서도 외면하고 있다는 건 나중에 더 큰 일을 초래할 수도 있다. 과연 돈짱이 전학을 간 것으로 모든 것은 끝났다고 할 수 있을까? 피해자에게 남은 마음의 상처는 어떠할까? 차라리 괴롭힘을 당할 때 모른 척하지 말고 옳지 못함을 알려 주었어야 했었다.

(○○○, 6학년)

제7장
새 교육 과정의 변화와 통합논술

1 변화하는 교과서 따라가기

교육부가 새 국어 교육 과정에 도입되는 이른바 '한 학기 한 권 읽기' 수업이 있습니다.

"왜 그렇게 정했나요?"

"책이 드러내는 전체적인 삶 속에서 그 인물을 바라보게 하고, 훨씬 더 깊이 들어가는 독서 교육이 필요합니다."

"언제부터 시행되나요?"

"2015 개정 교육 과정과 연계해 초등학교 3학년부터 고등학교까지 약 10년간 운영됩니다."

"어떤 효과를 기대하나요?"

"발췌된 글의 일부만 읽고 넘어가는 기존의 국어 교육에서 벗어나, 책 한 권을 다 읽고 생각을 나누는 과정을 통해 창의력과 소통 능력을 키우겠다는 취지입니다."

"아하, 독서 교육이 부실해지지 않도록 요점은 살리고, 학생 참여 중심의 수업이 이뤄질 수 있게 교과서를 바꾼 것이 교육부의 의도군요."

"다양한 책을 읽고 토론하고 쓰는 활동에 주도적으로 참여하길 기대하는 것이지요."

"네, 꾸준한 독서와 소통이 필요하군요."

EBS 뉴스의 대담은 읽는 독서가 아니라 적용하는 독서를 강조하고 있습니다. 새로운 것을 창조하는 미래사회에서는 비판적 사고와 협업이 강조되는 통합적 사고가 필요하지요. 통합논술은 독서가 바탕이 되고 여러 관점에서 논술하는 것입니다.

학년에 따른 갈래별 글쓰기

글쓰기의 출발은 초등학교 교과 학습과 함께 시작됩니다. 작은 조각 그림을 그리면서, 그림일기와 일기를 쓰면서, 그렇게 교과서를 따라 한 발 두 발 내딛다 보면 표현 방법이 서로 다른 다양한 글쓰기를 배우게 됩니다.

흔히 '교과서만큼 훌륭한 교재는 없다.'라고 합니다. 논술 공부 역시 교과서를 충실히 익히는 것으로 출발해야 합니다. 먼저 교과서를 꼼꼼히 익히고 다양한 독서 활동으로 글쓰기의 표현력을 기르는 게 중요하지요.

교과서는 학년에 따라 여러 갈래의 글을 익히도록 구성되어 있습니다. 생활문, 설명문, 동시, 시조, 독서 감상문, 주장하는 글, 극본 등으로 나누어지지요. 이렇게 특성이 서로 다른 글쓰기는 효과적인 갈래별 글쓰기를 통하여 생각과 느낌을 잘 전달할 수 있도록 해야 합니다. 이 책 앞에서 공부한 여러 가지 학습을 잘 활용하면 됩니다.

통합논술은 무엇인가요?
- 사고력 중심의 논술입니다.(개인의 경험과 개인의 사고가 요구됨)
- 하나의 주장으로는 부족하므로 여러 관점에서 논술해요.
- 서론 본론 결론보다는 창의적 글쓰기가 필요해요.
- 여러 교과를 연결하여 다양하게 생각하고 활용해요.
- 결과보다 과정을 중시해요.
- 단기적 학습으로는 통합논술을 대비할 수 없어요.
- 통합논술은 문제 상황 분석, 통합적 사고, 확장하여 글쓰기가 필요해요.

2 시조란 어떤 글인가요?

우리 조상들의 빛나는 얼이 담긴 시조

시조는 민족의 얼과 생활 감정을 가장 잘 표현한 문학 형식이며, 700~800년을 두고 민족의 얼과 정서를 담아 오늘에 이른 유일의 민족 문학입니다.

우리 민족이 만들어 낸 고유하고 독특한 정형시

어느 나라든지 그 민족만이 갖고 있는 독특한 민족 문학이 있습니다. 시조는 일정한 형식이 있는 정형시이지요. 같은 정형시인 일본의 '하이쿠'나 중국의 '절구'는 형식이 엄격하여 글자 수를 마음대로 바꿀 수 없습니다. 그러나 우리 시조는 종장 첫걸음 석 자, 둘째 걸음 5~9자로 정해져 있을 뿐, 글자 수의 가감을 할 수 있어요. 또 융통성이 많아 마음대로 자기 생각을 표현할 수 있습니다.

시조의 형식(평시조)

동창이 밝았느냐 노고지리 우지진다	3 4 4 4
소 치는 아해들은 상기 아니 일었느냐	3 4 4 4
재 너머 사래 긴 밭을 언제 갈려 하느니	3 5 4 3

시조 감상

시조에는 많은 이야기가 얽혀 있습니다. 우리는 옛 시조를 통해서 조상들을 생각했던 나라 사랑의 마음과 당시의 사회는 어떠했는지를 알 수 있지요. 아래 시조를 읽으며 담아낸 마음을 느껴 봅시다.

경계가

정몽주의 어머니

가마귀 싸우는 곳에 백로야 가지 마라
성낸 가마귀 흰 빛을 새오나니
청강에 좋이 씻은 몸을 더러일까 하노라.

■ 시조 이해하기

● 가마귀 → 까마귀, ● 새오나니 → 시기하니, ● 청강 → 맑은 물

까마귀들이 싸우는 곳에 백로야 어울리지 말아라
성난 까마귀들이 너의 희고 깨끗한 빛을 시기할 것이다
맑은 물에 깨끗하게 씻은 몸이 까마귀 때문에 더럽혀질까 걱정이 되는구나

「경계가」라고도 하는 이 시조는 정몽주의 어머니가 지었다고 전해집니다. 까마귀들은 고려를 배신한 이성계 세력을, 백로는 고려에 충성한 신하들을 일컫고 있습니다. 먼저 표현된 낱말의 뜻을 알아보고 다시 소리 내어 읽어 보아요. 훨씬 의미가 잘 전달되어 옵니다.

■ 시조에 담긴 이야기

정몽주의 어머니는 아들 정몽주가 이성계를 문병하러 가기 전날 밤, 아주 무서운 꿈을 꾸었다고 해요.

꿈에서 까마귀들이 고깃덩이를 서로 먹겠다고 싸우고 있었습니다. 그곳에 백로 한 마리가 날아와 말리려다가, 까마귀들에게 서로 공격을 당하여 흰 깃털이 온통 빨간 피로 물들고 마는 것이었습니다.

흉몽을 꾼 어머니는 문병을 하러 가는 아들을 말리고 싶었습니다. 아들이 고려 조정에 해를 당하거나, 그들에게 뜻이 꺾여 나라를 배신할까 봐 걱정되었지요. 그래서 집을 나서는 아들에게 이 시조를 지어 부르며 아들의 앞일을 염려하였다고 합니다.

까마귀와 백로로 소인과 대인을 구별하는 비유가 군자로 사는 삶을 지키라는 마음이 엿보입니다. 절개를 중요하게 여긴 어머니는 아들에게 충성과 곧은 마음을 이렇게 가르쳤고, 아들 정몽주는 고려의 충신으로 후손에게 기억되고 있습니다.

■ 관련된 시조 찾아보기

고려 말엽, 이성계의 아들 이방원과 정몽주가 서로 주고받은 「하여가」와 「단심가」는 우리 역사와 함께 전해진 유명한 시조입니다. 정몽주의 어머니 시조 「경계가」를 읽고 이어 다음 두 시조를 소리 내어 읽어 보세요. 그리고 이 무렵에 일어난 역사적 사실도 떠올려 봅시다.

하여가

이방원

이런들 어떠하리 저런들 어떠하리
만수산 드렁칡이 얽어진들 어떠하리

우리도 이같이 얽어져 백 년까지 누리리라

단심가

정몽주

이 몸이 죽고 죽어 일백 번 고쳐 죽어
백골이 진토 되어 넋이라도 있고 없고
임 향한 일편단심이야 가실 줄이 있으랴

동시조 짓기

평시조 형태 속에 동심(童心)을 담아낸 글을 동시조라고 합니다. 생활 속에서 인상 깊은 장면을 시조 형식으로 나타내어 봅시다. 다음은 교과서 진도에 맞추어 써 본 시조입니다.

■ 내가 지은 시조 한 수

시험

시험은 두근두근 머리는 복잡 복잡
친구들은 쉽다 하고 내 마음은 울적하고
엄마의 무서운 얼굴 눈앞에서 아른아른

전학 가는 친구

하루 종일 뒤숭숭, 내 짝꿍 전학 간 날
아쉬운 마음으로 얼굴만 바라본다
돌아선 뒷모습 보니 내 마음은 텅텅 비고

에너지

내가 끈 전등 하나 우리 집 부자 되고
너와 나 아낀 기름 우리 경제 살아나네
모두가 한마음 되어 경제 대국 이뤄 보세

■ 내가 지은 연시조

우리 가족 별자리

우리는 모두가 밝은 별을 갖고 있지
어디든 바라볼 때마다 반짝이는 눈빛
엄마는 우리 가족이 가장 환한 별자리래

늠름한 우리 아빠 씩씩한 사자자리
다정한 우리 엄마 아름다운 처녀자리
말썽인 나와 동생은 귀여운 쌍둥이 별

절약하여 살찌우세

드넓은 지구지만 에너지 한계 있네
에너지 발전 시설 전 세계 널렸지만
지금에 아껴 두지 않으면 고갈될지 모른다지

에너지 절약이란 어려운 것 아니라네
하나둘 낭비하면 에너지 간 데 없지
다 같이 절약 또 절약하여 미래 생활 가꿔 보세

우리말 되돌리자

우리말과 외국 말이 한데 섞여 버렸네
여기저기 갸우뚱 우리말 찾지마는
요즘엔 우리말보다 외국 말이 더 많다네

꺼이꺼이 세종 대왕 지하에서 우시고,
주시경은 가슴 치며 은어 보고 통곡하네
지금도 늦지 않으니 우리말 되돌리세

동요를 시조로 옮겼어요

시조를 친숙하게 익히기 위하여 내가 좋아하는 노래를 시조 형식으로 고쳐 본 것입니다. 이런 활동은 재미있고 쉽게 시조를 쓸 수 있도록 합니다.

우산 속의 요정

노래 가사

똑똑또독 빗방울 리듬 나와 함께 즐거운데
랄랄랄랄 내 곁에 와서 노래하는 고운 소리
가만가만 귀 기울여 누구일까 둘러보니
나를 보고 싱긋 웃는 우산 속 요정
휘휘휘익 휘파람 불며 걸어가는 오솔길에
노래 친구 돼 주겠다는 우산 속의 어여쁜 요정

동시조로 형식으로 고쳐 본 글

빗방울 우산 위서 또록또록 떨어지네
하하하 재미있다 호호호 신난다
언제쯤 그칠지 모를 빗방울들 대행진

괜찮아요

노래 가사

바람 불어도 괜찮아요 괜찮아요 괜찮아요
쌩쌩 불어도 괜찮아요 난난난나는 괜찮아요
털옷 때문만도 아니죠 털장갑 때문도 아니죠
씩씩하니까 괜찮아요 난난난나는 괜찮아요

동시조로 형식으로 패러디해 본 글

못생겨도 괜찮아요 놀려 대도 괜찮아요
우리 우리 엄마는 세상에서 내가 최고
가슴을 활짝 펴보자 난난난나는 괜찮아요

기사를 읽고 쓴 글을 함축하여 시조의 형식으로 바꾸어 보기

겉모습으로 말하지 말라

"인어 공주에 흑인이 캐스팅되는 게 뭐가 어때서?"

오늘 어린이 신문 기사에서 가장 눈에 띄는 것은 '흑인 인어 공주 캐스팅 놓고 찬반 분분'이라는 글이다. 나는 이 기사를 꼼꼼히 읽어 본 다음 나의 생각을 정리해 보았다.

기사 내용은 흑인 배우가 디즈니 애니메이션 〈인어 공주〉의 실사 영화에 캐스팅되었다, 그런데 원작 파괴라고 생각하는 입장과 인종 다양성을 존중한 좋은 시도라는 입장이 맞서고 있다는 것이다.

'원작을 훼손하는 것은 안 된다.'라고 주장하는 사람들은 어릴 때 만화 영화에서 본 에리얼과 인어 공주를 맡은 배우 베일리의 인상이 너무 달라 작품에 몰입하기 어렵다고 주장한다. 한편 좋은 시도라고 생각하는 사람들은 겉모습이 다르다는 이유로 반대하는 것은 인종 차별적 시각이라고 반박한다. 또 얼마든지 새로운 시도를 할 수 있다고 주장하기도 한다.

나는 캐스팅에 찬성한다. 왜냐하면 피부 색깔 때문에 재능이 있더라도 발휘하지 못하면 매우 억울하고 불공평하기 때문이다. 그리고 '나의 피부 색깔은 왜 이럴까?'는 생각을 하며 괴로워할 수도 있다.

또한 디즈니는 원작을 변형해서 만들기 때문에 흑인 배우를 캐스팅한 것이 문제가 된다고 생각하지 않는다. 누구나 평등할 권리는 있다. '겉모습으로 말하지 말라.'

■ **시조로 옮기기**

겉모습으로 말하지 말라

만화에는 인어 공주 백인으로 나왔는데
새로 나온 실사 영화 검은 피부 인어 공주
새롭다 까만 인어 공주 사람들은 웅성웅성

원작 파괴 주장하며 여기저기 시끌시끌
또 누구는 좋은 시도 멋지다며 와글와글
흰 피부 새까만 피부 그 무엇이 문제더냐

(○○○, 5학년)

일기나 생활문 등 글을 쓴 후, 내 느낌을 시조의 형식에 맞게 고쳐 보세요. 놀랍게도 시조가 자연스럽게 내 곁에 와 머물러요. 평소 낯설게 보이던 시조가 아무렇지도 않게 친구가 되어 준답니다. 동시처럼. '시조야, 놀~자!'

3 톡, 톡, 살아 있는 글쓰기

나는 누구의 달일까

오늘도 엄마의 꾸중을 들었다. "아직도 자고 있냐?" "밥 먹어라!" "머리는 감았니?" 아침에 듣는 엄마의 회색빛 목소리는 학교에서도 자꾸만 내 귓가에 맴돌았다. 마음이 무거웠다. 난 언제쯤이면 엄마가 걱정하지 않아도 되는 아들이 될까? 나도 내 마음대로 되지 않는 내가 걱정이다.

학교에 다녀와 신문을 봤다. 다행히도 신문 읽기만큼은 엄마가 간섭하지 않아도 스스로 한다. 흥미로운 제목의 칼럼이 있어 유심히 읽어 봤다. '내 달은 누구일까'라는 제목의 칼럼이었다. 지구의 한 부분이 뭉텅이로 떨어져 나가 달이 되었다니 달과 지구는 한 몸인 셈이라고 했다. 그래서 달은 지구에 아주 특별한 존재라는 것이다. 이걸 보니 지구와 달은 가족 같다는 생각이 들었다.

달은 우리에게 썰물과 밀물을 만들어 주고 달력 역할도 한다. 어두운 밤에는 길 잃지 않도록 환하게 비춰 주고 지구를 쓰러지지 않게 잡아 준다. 이때 부모님 생각이 났다. 달이 비틀거리는 지구를 잡아 준다면 부모님은 언제나 나를 쓰러지지 않게 잡아 주시니 달과 부모님은 닮았다. 우리에게는 누구나 달과 같은 존재가 있다. 나를 잡아주는 존재는 부모님과 선생님 그리고 또 어딘가에서 만나고 있을 것이다.

내가 부모님께 해 드린 건 뭐가 있을까? 혼난 것은 엄청 많은데 칭찬은 금방 떠오르지 않았다. 아, 있다! 5학년 때 교내 독서 논술 대회에서 최우수상을 받은 것! 그때 엄마는 친척이란 친척은 다 아시게 자랑하고 다니셨다. 정말 행복해 보였다. "아, 글쎄 우리 호빈이가 이런 날도 있네요."

이젠 내가 부모님의 달이 돼 드리고 싶다. 유치원 다닐 때는 "엄마! 제가 커서 돈 벌면 좋은 차 사 드릴게요." 나 "세계 여행도 시켜 드릴게요."라고 말해 부모님을 미소 짓게 했지만, 이제는 키도 엄마보다 커졌으니 가볍게 말로만 해서는 안 될 것 같다. 당장 엄마의 꾸중과 짜증을 덜어 드려야 하는데 맘처럼 내 게으른 습관은 쉽게 고쳐지지 않는다.

'자식 농사'라는 말이 있다. 자식들은 씨앗과 같다. 시간이 지나 어떻게 자랄지 모르는 씨앗. 부모님은 농부처럼 물과 거름을 주시고 우리가 아프면 정성껏 보살피신다. 농부가 알곡을 얻기 위해 정성을 다하듯 부모님도 나의 성공과 행복을 위해 최선을 다하신다.

좋은 열매를 얻으려면 나의 몫도 크다. 잎을 한쪽으로만 내는 습관, 밤낮 광합성만 하려는 습관, 꾸준히 견디지 못하는 습관, 이런 것들은 좋은 작물이 되는 것을 방해한다. 지금의 나도 마찬가지다. 이 습관을 고쳐 좋은 사람이 될지 아니면 습관에 익숙해져 늘 쫓기듯 살아갈지는 내가 결정한다. 농부의 입에서 "농사가 풍년이네!"라는 말이 나오는 것처럼 "자식 농사 잘 지었네!"라는 말을 듣도록 할 것이다.

최근 배운 고사성어에서 '우공이산(愚公移山)'이 생각났다. 마음을 굳게 먹으면 산도 옮긴다는 뜻이다. 엄마의 걱정은 내가 지울 수 없는 것은 아니다. 나의 나쁜 습관으로 생긴 것들은 나 스스로 고쳐야 한다.

"아유, 우리 아들 이제 철들었네!" 이 말이 빨리 엄마의 입에서 나오도록 힘써야겠다. 슬기로운 삶이 되려면 마음부터 단단히 먹고 도전하고 실천하자. 이제 곧 중학생이 되지 않는가. "엄마, 이제는 제가 엄마의 달이 되어 드릴게요."

(최호빈, 6학년)

드넓게 펼쳐진 모래밭에서 열심히 조개껍데기를 주워 본 경험이 있을까? 어쩌다 커다란 소라고둥을 발견하곤 '이야!' 저절로 환성을 지른 적도 있는지? 이 글이 바로 그런 글이다. 흔한 조개껍데기 중에서 빛나는 소라고둥을 찾은 기분을 느꼈기 때문이다.

이 글은 유달리 문장 호흡이 아주 길다. 그럼에도 글을 읽으며 글쓴이의 생각을 쉽게 이해할 수 있는 것은 글쓴이가 자신이 무엇을 이야기하고 싶은지 잘 알고 썼기 때문이다. 졸업을 앞둔 6학년답게 신문을 꾸준히 읽은 결과가 아닐까?

빼어난 비유도 눈에 띈다. '회색빛 목소리' '지구와 달은 가족 같다'는 표현도 좋다. '우공이산(愚公移山)' 같은 어려운 말도 척척 쓰는 걸 보니 기특하다. 무엇보다 엄마를 생각하는 마음은 이 글을 이끌어 가는 기둥이다. 엄마의 달이 되어 드리겠다는 그 마음이 진정 효(孝)다. 엄마는 이 글을 볼 때마다 흐뭇하고 한없이 기쁘실 거다. 효는 물질이 아니라 자식의 마음이 전부니까.

흔한 이야기를 깊은 생각으로 갈고 닦아 읽는 이의 가슴에 보석처럼 박히는 글을 만든 글쓴이를 칭찬한다. (『어린이조선』 문예상 심사평에서)

많이 고치고 다듬어요

이 글을 쓴 학생은 한동안 부모님의 걱정을 자주 들었다고 해요. 공부도 재미없고 핸드폰 게임에만 자꾸 손이 가고, 아, 이해가 된다고요? 그래요! 이건 누구나 한 번쯤 겪는 성장통이랍니다. 자기가 겪은 일을 글로 쓰면서 수없이 고치고 또 고치고, 그 덕분에 문예상 심사위원께 큰 칭찬을 받았네요. 글과 마음을 가다듬다 보면 어느새 내 마음도 쑤욱, 자라나 있답니다.

할아버지의 교훈

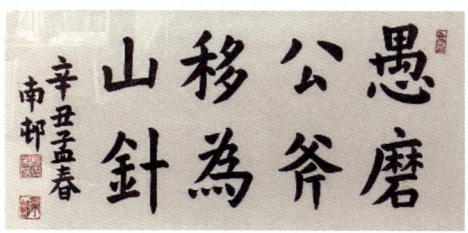

학원에서 돌아오니 내 방에 처음 보는 액자가 눈에 들어왔다.
"엄마, 저게 뭐예요? 혹시 할아버지가 써 주신 거예요?"
나는 외할아버지 댁에 가면 늘 붓글씨를 쓰시던 할아버지의 모습이 떠올랐다.
"그래 맞아, 할아버지는 너에게 저 말을 새기게 하고 싶으신가 봐."
그런데 어려운 한자가 도무지 무슨 뜻인지 모르겠다.
"에이, 좋은 말이겠지만 어려워요, 저걸 어떻게 읽어요."
"글자 하나하나를 자꾸만 익히면 뜻을 이해할 수 있어. 알려고 노력해 봐."
"힝~ 한자는 어려워! 그래서 세종 임금님이 한글을 만드셨지."
그러나 엄마의 설명을 듣고 나니 깊은 뜻을 지닌 고사성어라는 걸 알게 되었다.

愚公移山(우공이산)은 우공이 산을 옮긴다는 말로, 남이 보기엔 어리석은 일처럼 보이지만 한 가지 일을 끝까지 밀고 나가면 언젠가는 목적을 달성할 수 있다는 뜻이다. 또 磨斧爲針(마부위침)은 도끼를 갈아 바늘을 만든다는 뜻으로 이루기 힘든 일도 끊임없는 노력과 끈기가 있다면 꼭 성공한다는 것이다.
"목표를 정하면 끝까지 노력하고 끈기를 가지라는 뜻이야. 엄마 아빠가 새겨 주고 싶은 말을 외할아버지가 대신해 주니 고맙네!"
엄마는 내가 누워서도 바라볼 수 있는 자리에 액자를 탕, 탕, 걸으셨다.
처음에는 낯설기만 한 글자들이 하나씩 살아 움직이는 듯했다. 어리석을 愚를 찬찬히 뜯어보니 받침에 마음 心이 있다, 왜 마음 심이 우愚에 들어갔을까도 골똘히 생각하며 한자는 수수께끼를 푸는 것처럼 흥미를 느끼고 익혀야겠다고 다짐했다.

초봄(初春)이라는 말은 정월을 뜻하는 것이라는 걸 처음 알았고, 할아버지가 호를 짓게 된 이유도 전화를 걸어 여쭈어 보았다. 남(南)자를 쓴 의미도 이해되었다.
　액자 하나에 엄청 많은 이야기가 담겨 있는 걸 알게 되고 나니 외할아버지가 내겐 아주 특별한 분이라는 게 크게 느껴졌다. 나는 이런 멋진 할아버지가 자랑스럽다. 옛말이 생각난다. '어른을 잘 섬기고, 어른 말을 잘 들으면 자다가도 떡이 생긴다.'
　"외할아버지, 가르침대로 바르게 잘 자라겠습니다!"

(정종윤, 5학년)

　와아! 글의 첫머리에 단정한 한문 액자 사진이 보인다. 한눈에 봐도 깊은 뜻을 지닌 '고사성어'라는 걸 알겠다. 참 놀라운 발상이다. 그림일기 쓰는 방법을 보통 산문에 옮겨 온다는 건 쉽지 않으니까. 새로울 것 없고 별것 아닌 일이지만 뭐든지 처음 시도하는 건 어렵다. 세우지 못한 달걀을 콜럼버스가 세운 것처럼.
　글쓴이는 생각을 많이 하는 사람 같다. 글쓴이만의 개성이 보인다. 글을 잘 쓰거나 잘 못쓰거나를 가리지 않고 자신의 색깔을 내는 게 가장 중요하다.
　이 글에는 할아버지를 존경하는 손자의 마음이 담뿍 담겨 있다. 할아버지가 써 주신 액자 속에는 손자를 위한 가르침이 들어 있고, 할아버지와 손자 사이에 강물처럼 흐르는 사랑이 읽는 이의 마음을 따뜻하게 적신다. 글쓴이가 누워서도 바라볼 수 있는 자리에 액자를 걸어 주신 엄마의 마음까지. 할아버지, 엄마, 글쓴이 3대의 아름다운 모습이 그려져 저절로 미소가 떠오른다.
　톡톡 튀는 대화 글이 많은 점도 이 글의 특징이다. 대화를 이용해 글을 끌어가면 부드럽고 밝은 분위기를 만드는 데 도움이 된다. 이 글도 마찬가지. 어려운 뜻을 가진 고사성어가 두 개나 나와서 하마터면 무겁고 답답할 뻔했는데 대화 글이 살려 냈다. 할아버지의 교훈은 '목표를 정하면 끈기를 가지고 끝까지 노력하라'는 것. 열심히 글을 쓰며 벌써 가르침을 실천하는 글쓴이가 참 대견하다. (『어린이조선』 문예상 심사평에서)

보이는 글은 느낌도 크다

아래의 글은 일기장에서 발췌한 글입니다. 글쓴이의 마음을 느껴 보며 읽어 보아요.

칠판만 지우는 회장

졸업 3개월 전, 난 어쩌다가 회장이 되었다. 그냥 한 번 출마해 봤는데 무투표 당선으로 회장이 되었다. 이걸 좋아해야 될지, 말아야 될지……. 모르겠다. 막상 회장이 되고 나니 별로 할 일이 없다. 코로나19로 일주일에 월, 화, 금 3번만 가니 더 할 일이 없다. 또한 마스크를 쓰고 말을 많이 못 하니 할 일이 더욱더 없다.

회장이 되고 나서 첫날, 친구들은 놀리고 싶었던지 아님 내가 우리 반 처음으로 회장에 당선돼서 그런 건지 나를 칠판만 지우는 회장이라고 하였다. 내가 칠판을 지울 때마다 애들은 "회장은 칠판만 지워." "하는 일이 이것밖에 없어." "이럴 거면 나도 그까이꺼 회장 되겠다!" 라고 웅성 웅성거렸다. 나는 그 말이 내 마음속에 콕콕 박혔다.

음악 시간에 있었던 일이었다. 아이들은 컵타를 한다고 해서 선생님께 컵을 받았다. 근데 컵을 퉁탁투투탁! 시끄럽게 하였다. 그걸 본 아이들은 "회장! 조용히 시켜!" 하고 말하였다. 그래서 조용히 하라고 하였더니 애들은 더 시끄럽게 했다. 아이들은 그게 재미있는지 "회장 조용히 시켜!"라고 더 재촉했다. 이 사건은 선생님이 아이들을 제지하여 조용히 시켰지만, 나의 자존심에 스크래치를 나게 하는 기분 나쁜 일이었다.

집에 돌아와서 생각해 보았다. '칠판만 지우는 회장', 내가 졸업할 때까지 달고 살아야 할 말인가? 계속 생각해 보니 내가 칠판이 될 것만 같았다. 다른 반 아이들은 칠판마저 안 지운다는데 아이들은 나에게 너무 구박을 하는 것 같기도 하다.

이 생각을 하니 『귓속말 금지구역』이라는 책이 생각났다. 이 책의 주인공 세라는 어쩌다가 회장이 되었지만, 부회장 예린이에게 회장의 권위를 거의 잃었다. 하지만 그 과정을 통해 진정한 회장이 누군지 그리고 그의 책임도 알게 되는 내용의 책이다. 이 책 속의 세라는 퇴진될 뻔한 위기에도 놓이지만 그 위기를 기회로 삼고 이겨낸다.

나도 이 칠판만 지우는 회장이라는 위기를 기회로 삼고 회장으로서 일을 더 열심히 하게 되는 계기로 여길 것이다. 계속 생각하면 얄밉기도 한 아이들이지만, 가끔 가다가 격려해 주는 친구들을 보면 또 다시 힘이 난다.
　　　이제 친구들이 칠판만 지우는 회장이라고 해도 싱글벙글 웃을 것이다. 나한테는 뒤에서 응원해 주는 친구들도 있으니까! 6학년 졸업이 끝날 때까지 우리 교실을 행복하고 재미있게 만들어야겠다.
　　　"기죽지 말고, 열심히 해 보는 거야! 할 수 있다!"

(○○○, 6학년)

　이 글을 읽으면 '나는 칠판이 된 것 같았다'에서 빵! 웃음이 터지고 그 표현의 신선함에 감탄하게 된다. 문단을 나눈 솜씨나 상황을 묘사하는 것도 자연스럽고 막힘이 없다. 모처럼 군더더기가 없는 상큼한 글을 보게 되어 기뻤다.

　남들은 귀찮아 나서지 않는 졸업반 반장을 맡아 추억도 쌓고 봉사하겠다는 글쓴이의 성실함이 환히 보인다. 또 '어쩌다 회장'이라니! 이 정도의 책임감이면 학급의 든든한 지원군이라고 담임선생님은 박수를 쳤을 터.

　특히, 글을 지루하게 이어가지 않았다. 긴 문장으로 호흡이 막히지도 않고, 솔직한 표현도 예쁘게 성장하는 소녀답다. 머릿속 눈앞에 교실 풍경이 펼쳐지고, 친구들의 목청 돋운 소리까지 귀에 들리듯 보이는 글에 저절로 주목된다.

　글에도 오감이 있다. 이 글의 오감에서 특히, 시각적 이미지와 청각적 이미지가 뚜렷이 떠오르는 장면에 푹 빠져들어 가 있다가, 지은이의 감정과 함께 빠져나왔다. 살아 있는 글쓰기다!

　🔍 오감이란 신체에서 느끼는 5가지 감각입니다. 눈으로 보고(시각), 귀로 듣고(청각), 코로 냄새를 맡고(후각), 혀로 맛보고(미각), 피부로 느끼는(촉각), 감각이지요.
　글쓰기에 오감을 확장하면 더욱 풍부한 느낌을 전달할 수 있습니다.